プロの日本料理

煮物の技術教科書

―基本から匠の調理まで身につける―

日本料理　千仙

鈴木隆利　著

煮物は、ただ分量を覚えるのではなく、常に仕上がりを意識してつくるもの

日本料理には「割烹（かっぽう）」という言葉があり、「割」は包丁で切ること、「烹」は焼いたり煮たり火を使うことをいい、包丁使いとともに、煮炊きをはじめとして火を使いこなすことは日本料理を支える伝統的な調理法です。とりわけ煮物は、日本料理の多くの献立やコース料理にも組み込まれており、重要な役割を担うことが多いものです。それだけに煮物はバリエーションも豊富で、料理人でさえ迷うほどに多くの種類があるため、体系化して説明することが難しい奥深い料理だといえます。

おいしい煮物を作るには、まず上質な素材、だしや煮汁を準備することが大切です。さらに、それぞれの材料に適した下処理の方法、火加減、調味の加減や仕上げのタイミングなど、状況に応じて臨機応変にコントロールできる高度な技術を身につける必要があります。よく「煮物は難しい」といわれるのは、そのためです。ですから日本料理の世界では、煮物を担当する「煮方」というポジションは料理長に次いで店の味をつくる重要な役割を担う場合が多いのです。

昔、私が修行を始めた頃は、料理の味づくりにおいて「割がある」つまり、分量が大体決まっているのは、そばや素麺などのめんつゆなど、限られたものでした。味を決めるのは、料理人の経験と勘に裏付けされたもの

で、分量が明記されることは少なかったように思います。しかし時代の流れとともに料理人の働き方やあり方も変化し、今では分量が明記されることは珍しくなくなりました。本書でも煮物を学ぶ方が参考になるよう、可能な限り、分量や調理時間の目安を記すようにしました。

ただ分量や調理時間は、あくまで目安であり、そのまま作ったからといって全く同じものができるわけではありません。例えば、同じ素材でも季節の始めの「走り」や最盛期の「旬」、終わり頃の「名残り」といった時期の違いによっても状態は刻々と変化します。また提供する相手や地域によっても味の好みは異なります。常に柔軟な発想で、素材や好みを意識して味を組み立て、調整できるようになることが肝要です。さらに調理設備や調理器具の違い、火加減、料理人の感覚の違いなど、煮物を作るためには、様々な要素を考慮する必要があることを心得ておく必要があると思います。

最終的には、味つけの分量を覚えるのではなく、作り手が理想とする「できあがりの味」を想定し、その味をつくるために、どうすればよいかを逆算し、自分なりの味づくりができるようになることが大切です。もちろん一朝一夕で身につくものではありませんが、基本を大事にしながら、何度も自分なりに試行錯誤を重ねていくことで腕が上がります。本書が皆さんの技術向上の一助になれば幸いです。

鈴木 隆利

プロの日本料理

煮物の技術教科書

―基本から匠の調理まで身につける―

目次

煮物は、ただ分量を覚えるのではなく、常に仕上がりを意識してつくるもの……2

第一章　煮物の調理技術と知識……9

煮物の基礎知識……10
煮物の基本技術……16
煮物の「だし」について……20
煮物の「八方だし」について……22
煮物の「調味料」について……24
煮物の「道具」について……26

第二章　煮物の料理 27

魚介の煮物

鯛のあら炊き……28
煮つけ二種……29
白身魚の煮つけ……30
皮剥の煮つけ……30
車海老の芝煮……32
鯛の子の含め煮……34
煮穴子……36
◎身巻き穴子の煮こごり射込み……36
黄身煮二種
鱧の黄身煮……38
鮎魚女の黄身煮……38
帆立の山吹煮……40
鯛の卯の花煮……42
虎魚の吉野煮……44
烏賊の印籠煮……46
伊勢海老の具足煮……48
蛸の柔らか煮……50
鯖の味噌煮……52
鯖の難波煮……54
鯵の酢炊き……56
鰯の梅煮……56
稚鮎の飴煮……58
鮎の煮浸し……60
秋刀魚の土佐煮……61
白魚の白煮……62
ちりめん山椒……64
北寄貝の炒り煮……66
煮鮑二種
煮鮑（塩煮）……68
煮鮑（醤油煮）……68

煮こごりいろいろ

◆鯛のにこごり……70
◆身巻き鱧の煮こごり……70
◆鶏の煮こごり……71
◆石川芋の煮こごり……71

肉の煮物

合鴨ロース煮……72
豚の角煮二種
豚の角煮（蒸し煮）……73
豚の角煮（直煮）……74
合鴨の治部煮……74
◎牡蠣の治部煮……76
鶏の沢煮椀……77
牛肉の時雨煮……78
筑前煮……79

野菜の煮物

野菜の煮物　吹き寄せ風……80
野菜と海老の炊き合わせ……82
野菜の含め煮いろいろ……83
筍の若竹煮……84
筍の土佐煮……86

野菜の田舎煮……88
ふろふき大根……88
茄子の翡翠煮……90
茄子の瑠璃煮……92
蕗の青煮……94
独活の水晶煮……94
独活の白煮……96
うすい豆の吉野煮……98
こごみの玉子締め……98
鍵蕨の含ませ煮……100
花山葵の甘煮……102
甘煮二種
蕗の薹の甘煮……104
蚕豆の甘煮……106
湯葉のオランダ煮……108
茄子の普茶煮……108
根菜と利休麩の煮物椀……110
炒り米だしの精進煮物椀……112
たらの芽の利休煮……114

じゃが芋の粉ふき煮……117
蕗の伽羅煮……118
当座煮二種
蕗の当座煮……120
筍の有馬煮……120
青梅の蜜煮……122
栗の甘露煮……124
黒豆の蜜煮……125

鍋物いろいろ
◆寄せ鍋……126
◆鶏の水炊き飛鳥鍋風……127
◆関西風おでん……127

煮物替わりの「あん仕立て」
◆揚げだしのみぞれあん仕立て……128
◆鯛の蕪蒸し……128
◆鮭と引き上げ湯葉の銀あん仕立て……128

第三章　煮物の料理　作り方と解説

第三章　煮物の料理　作り方と解説……129

煮物の用語集……165

本書をお読みになる前に

本書の内容について

本書は三章から構成され、第一章では「煮物の基本知識」と「煮物の基本技術」、煮物に欠かせない「だし」「八方だし」「調味料」「道具」について紹介。第二章では、煮物の料理を素材別に「魚介の煮物」「肉の煮物」「野菜の煮物」として、調理のコツや素材の下処理も合わせて紹介しています。また煮汁に関わる「煮こごり」や「鍋物」「煮物替わりのあん仕立て」の料理も紹介。第三章では、二章の煮物の料理の作り方・解説を掲載。また巻末には「煮物の用語集」を収録していますので参考になさってください。

材料の計量単位と分量表記について

- 大さじ1は15㎖、小さじ1は5㎖、1升は約1.8ℓ、1合は約180㎖です。
- 「適量」「適宜」とある場合は、材料の状況や好みに応じて、ほどよい分量をお使いください。
- 人数分の表記は、状況によって変わるもので、あくまで目安として参考にしてください。「作りやすい分量」という表記は、材料の都合上、まとめた方がよい場合などに表記しています。

材料と下処理について

- 本書で「だし」と表記している場合、原則としてカツオと昆布で引いた「一番だし」をさします。
- 「水塩」は飽和食塩水のこと。本書で「水塩」とある場合、この食塩水を使っています。作り方は、塩に卵白適量を混ぜたものを水に加えて沸騰させ、火を止めてそのままおいて、下に沈殿した余分な塩を取り除いて漉したもの。目安として水1.8ℓに対して、塩700〜800gが目安。塩に換算すると、水塩1㎖当たり0.4g前後の塩となります。水塩のかわりに塩を使う場合の目安にしてください。水塩は液体なので均等に混ざりやすく、計量しやすいといった利点があります。
- 「酢」は米酢を用いています。
- 「水溶きの葛粉」は、葛粉と水を1：2の割合で合わせたものを使っています。
- 「玉酒」は水に1割程度の酒を加えたもので、魚介類の下ごしらえなどに使います。
- 「立て塩」は海水程度の塩水のこと、魚介類の下処理や野菜の水切りなどに用います。
- 魚のおろし方については、「おろし身」は魚をおろした後、腹骨や小骨などを除いたものをいい、「上身(じょうみ)」は、さらにおろし身の皮を引いたもののことです。

第一章

煮物の調理技術と知識

煮物の基礎知識

日本料理における煮物は、種類がとても多いため、これらを明確に分類し、体系化することは難しいが、これは煮物という料理の奥深さを示しているともいえる。

　ここでは、煮物を作るうえで礎となる基本的な知識や、多様な煮物を様々な視点からとらえることで、多面的に紹介する。さらに煮物の調理の流れを示したチャート図を掲載し（P.11）、調理を点ではなく線（流れ）で表した。煮物の仕上がりをイメージしながら、必要な技術やポイントを意識できるようになることが望ましい。

煮物について

「煮物」は、文字通り、材料を煮汁で煮たもののこと。別の言い方をすると、材料を煮汁で加熱して火を通すと共に、煮汁の成分を材料の中に浸透させ、新たな味わいを生み出す調理法ともいえる。

　よく「煮物は難しい」と言われるが、その理由は、ただ鍋に材料と煮汁を入れて煮ればよいというものではなく、素材の選び方に始まり、それぞれの素材に適した下ごしらえ、切り方、また素材の組み合わせや煮方の選択、調味のタイミングや仕上がり状態など、状況に応じて、そのつど最適な方法を見極める力が要求されるからである。

　とはいえ、何事も基本は存在する。難しいとされる煮物の技術も、まずは基本を知り、理解して取り組むよう心がけることで、着実かつ効率的に技術を身につけることができるようになる。

煮物の調理の流れについて

煮物の調理を時間の流れを主軸に、どのような工程があるのか、全体像がわかるようにチャート図で紹介している（P.11）。図の中では、煮物の調理を構成する要素として、材料の下ごしらえをする、煮る、といった「調理のアクション」、鍋やふたなどの「道具」、煮物に不可欠な「材料」について、「各工程でのポイント」などを表記している。また基本的な煮物調理の流れの他、炒め煮や揚げ煮、蒸し煮の調理の流れも紹介。各項目には「煮物の基本技術（P.16〜26）」の関連ページを記載しているので、そちらも合わせてご覧いただきたい。

　煮物は、個別に盛りつける場合もあるが、料理屋では、いくつかの煮物を盛り合わせたものを「炊き合わせ」と呼び、献立の中で重要な役割を果たす。こちらについてもコツやポイント、代表的な組み合わせなども紹介している（P.13）。

煮物の調理◆基本的な流れ

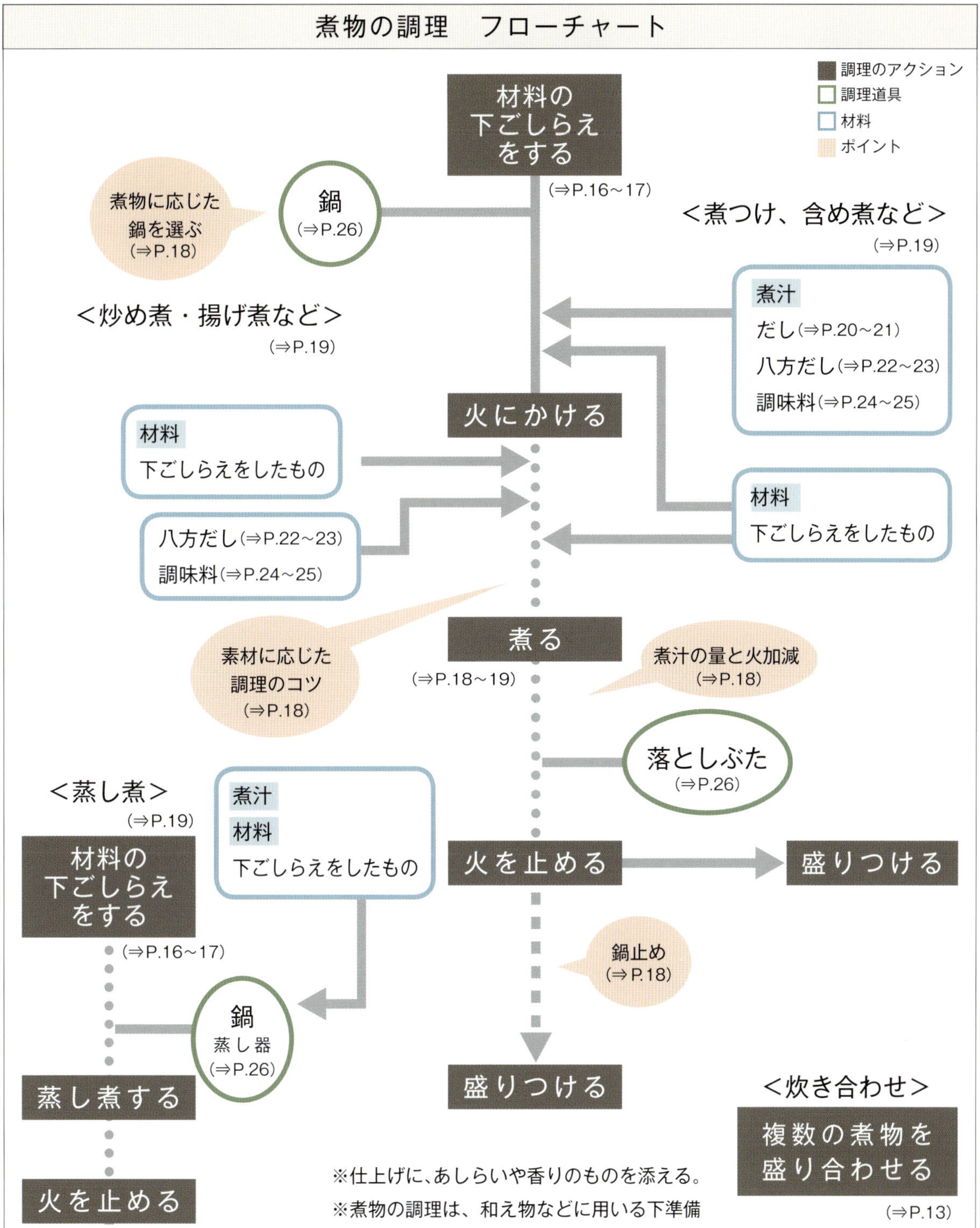

※仕上げに、あしらいや香りのものを添える。
※煮物の調理は、和え物などに用いる下準備として行う場合もある。
※材料の下ごしらえは、店の規模や業態、提供スタイルによって調整する。

素材から考える煮物の種類

煮物に限らず、料理を考える場合、まず素材について知ることが基本である。ここでは、魚介、肉類、野菜類・乾物類の素材ごとに適した煮物の手法を紹介する。

魚介類の煮物

◎白身魚（タイ、メバルなど）／淡泊な白身の味を生かし、少なめの煮汁で短時間煮たり、揚げてコクを加えてから煮るとよい。

▼煮つけ、うま煮、揚げ煮など

◎青背の魚（サバ、アジ、サンマ、イワシなど）／特有の生臭みは酒を多めに配合した酒八方系の煮汁や、消臭効果のある味噌や醤油、酢を加えて仕上げるとよい。生姜やねぎなどの香味野菜とも好相性。

▼味噌煮、生姜煮、辛煮、酢煮など

◎赤身の魚（マグロ、ブリ、カツオなど）／脂のりがよいが臭みがあるので、酒や醤油、香味野菜と一緒に煮て、生臭みをとる。

▼あら炊き、生姜煮など

◎真子・白子（スケトウダラ、マダイ、マダラなど）／真子は卵巣、白子は精巣のことで、煮る前に霜降りをして汚れや臭みをとり、素材の色を生かして薄めの煮汁で煮る。

▼含め煮など

◎甲殻類（車エビ、伊勢エビ、芝エビなど）／持ち味を生かすよう比較的短時間で煮ると色も美しく、ほどよい食感に仕上がる。

▼芝煮、具足煮、つや煮など

◎タコ・イカ類／表面に味がのりにくく、加熱すると身がしまり固くなりやすいため、短時間で火を通すか、柔らかくなるまでじっくり煮るようにする。

▼柔らか煮、うま煮など

◎貝類（アワビ、ホタテ、ホッキ貝、など）／加熱すると一度柔らかくなり、続けて加熱すると固くなるが、さらにゆっくり煮ると柔らかくなる性質がある。身を柔らかくする効果のある酒を煮汁にたっぷり加えるとよい。

▼柔らか煮、蒸し煮、時雨煮など

肉類の煮物

鴨肉、豚肉、鶏肉、牛肉など、肉の煮物は臭みをおさえ、身を柔らかくする効果のある酒を加えることが多い。鴨肉や牛肉などの赤身肉は短時間で加熱してうまみを閉じ込め、豚肉や鶏肉は多めの煮汁でじっくり煮て、煮汁のうま味を肉に含ませるなど、肉質に合わせて火の入れ方や味のつけ方を変える。

▼柔らか煮、蒸し煮、角煮など、

野菜・加工品など

魚介類や肉類に比べると、あっさりとして淡泊な味わいが特徴。野菜が本来持つ香りや色、味わいを損なわないよう、うま味を補いながら煮上げるのがコツ。基本的には薄味の煮汁で、短時間煮ることが多い。また植物性の乾燥品である豆類や高野豆腐、干し椎茸などは味が強いので、やや濃いめの煮汁で煮るとバランスがよい。

▼含め煮、揚げ煮、色煮、うま煮、土佐煮など

炊き合わせについて

「炊き合わせ」とは、複数の食材の持ち味を生かして一緒に煮るか、または別々に煮て、ひとつの器に盛り合わせた料理のこと。「焚き合わせ」と表すこともある。素材の相性や色合いなど、様々な要素を考慮し、器の中でひとつの料理として調和させることが目的である。

◎素材の相性について／日本料理では「出会いもの」という考え方がある。これは旬のもの同士、または旬の出始めの「走り」と最後の「名残り」の食材の組み合わせることで、特に互いの持ち味を引き立て合い、より奥深い味わいになる組み合わせのこと。ここでは「炊き合わせ」の代表的な「出会いもの」を紹介する（下記参照）。

◎炊き合わせのコツ

●**主となる素材を決める**
メイン食材を決めたら、それに組み合わせる食材を、旬や素材の特性を意識して合わせる。

●**色を意識する**
それぞれの材料が互いに引き立てあう配色を意識する。

●**切り方について**
食材の切り方に変化をつけると、同じ食材でも違った印象に。

●**食感**
口当たりの異なるものを、バランスよく組み合わせる。

●**味の濃淡**
濃厚な味には淡泊なものや、同じ煮汁で煮るなど。

●**料理の温度**
基本的には温かいもの同士、冷たいもの同士を盛り合わせる。

●**盛りつけ**
彩りや盛り付けのバランスを意識して器に盛る。仕上げに季節や彩りを意識した香りのものや、あしらいを添えることも忘れずに。

～季節感を感じる「出会いもの」の例～

冬	秋	夏	春
鰤 ＋ 大根	鱧 ＋ 松茸	冬瓜 ＋ 豚の角煮	筍 ＋ ワカメ
鯛 ＋ 蕪	茄子 ＋ 鰊	鱧 ＋ 白瓜	鯛の子 ＋ 蕗
棒鱈 ＋ 海老芋	蛸 ＋ かぼちゃ	鮑 ＋ 大豆	飯蛸 ＋ わらび
伊勢海老 ＋ 蓮根、百合根	秋刀魚 ＋ 大根おろし	鰻 ＋ 豆腐	生節 ＋ ふき
鴨 ＋ ねぎ	子持ち鮎 ＋ 茄子	泥鰌 ＋ ごぼう	蛤 ＋ うど
猪 ＋ ねぎ、ごぼう			白魚 ＋ 花山椒

煮物の種類

先にも述べたように煮物の種類は、その手法や味の違いなど、様々な要素が幾重にも重なっていることが多いため、ひとつの分類区分だけで説明することは難しい。しかし煮物を作るうえで重要なポイントとなる素材や、煮汁の量、煮汁の味など、視点を絞って整理すると、それぞれの傾向がわかる。なぜこの煮汁量なのか、味つけなのか、という理由を知っておくと、経験を積んで技術を身につける際の助けとなり、より効率的に煮物料理を深く学ぶことができる。

煮物の煮方と種類について

◎煮汁の量による分類／素材に比較的水分を多く含む葉物野菜や魚介類は、材料に含まれる水分があり、煮えやすいので煮汁はやや少なめに。一方、水分が少なめの乾物類や根菜類は、煮汁を吸収するので煮汁量は多めにするのが一般的。また加熱による固さの変化なども頭に入れ、適した煮汁量で煮るようにするとよい。

また「蒸し煮」は、下ごしらえした材料を煮汁に入れ、蒸気の上がった蒸し器でじっくり加熱する手法。焦げる心配がなく、煮汁が沸騰しないので、材料が躍らず、火の通りに時間がかかるものや、煮崩れしやすい材料を煮るのにも向く。

◎調味料や味つけによるもの／煮物の調味は基本的には、だしや醤油、酒、みりんなどを合わせたものが一般的だが、それ以外の味噌、醤油、酢、甘味が主体となるものなど、多彩な味の煮物がある。その場合も、素材に合わせた調味が肝となる。

◎煮る前に下調理する／「炒め煮」「揚げ煮」などは煮くずれしやすい野菜類や淡泊な魚介類は、油で揚げて表面をコーティングしてから煮ると煮くずれしにくくなりコクも加わる。野菜は油と相性がよいので、揚げたり、炒めるなど下調理してから煮るとコクがプラスされて美味しさが増す。

◎素材の色を生かす／色の白い素材の色や、爽やかな緑色を一層際立たせたい場合は、色煮と呼ばれる手法が適している。

◎煮汁にとろみをつける／煮汁に水溶きの葛粉を溶き入れてとろみ(濃度)をつけると、煮汁がしみ込みにくいイカやアワビなどにも煮汁がからんで口当たりもよく、おいしく食べられる。

◎その他／煮物には「具足煮」「かぶと煮」「印籠煮」「角煮」といった、材料の形や形態によって名前がつけられたものや、「利休煮」「筑前煮」「芝煮」など、名前にその料理の由縁があるものも多い。そうした個々の背景を知ることで煮物料理の奥深さを知り、より理解を深めることができる。

～煮物の煮方と種類～

	煮方	種類	特徴	よく用いる材料
煮汁の量による	少なめの煮汁で煮る	煮つけ	合わせた煮汁を沸かして材料を入れて煮る。	魚類全般
		煮しめ	濃いめの味で十分しみるよう煮る。素材が煮汁の色に染まる。	根菜類、こんにゃく、昆布など
		うま煮	やや甘みが強く、濃厚な味つけで煮たもの。	芋・根菜類、椎茸、豆類など
		照り煮	こってり甘辛い煮汁で煮汁が少なくなるまで煮る。つや煮ともいう。	根菜・芋類など
		粉ふき煮	ごく少量の煮汁で材料を加熱し、水分を飛ばして〝粉がふくまで〟炒り煮にしたもの	じゃが芋、里芋、さつま芋、かぼちゃなど
		あら煮	煮つけの一種。魚のカマやアラなどを用いた煮物。煮汁がほぼなくなるまで煮る。「あら炊き」ともいう。	タイ、ブリなどのアラなど
	多めの煮汁で煮る	含め煮	素材が十分に浸る程度の煮汁で煮た後、火を止めて余熱で味を浸透させる。煮崩れしやすい素材に向く。	根菜・芋類、豆類・高野豆腐などの乾物類
		煮込み	たっぷりの煮汁でじっくり煮込んで材料の中まで味を含ませる。	野菜、大きめの肉など
		蒸し煮	材料を煮汁に浸した状態で蒸してじっくり火を通し、柔らかく煮上げる。煮崩れしやすいもの、火の通りに時間がかかる素材に向く。	かぶ、かぼちゃ、ブロック肉など
		柔らか煮	加熱すると固くなる材料を時間をかけて煮て柔らかくする。	タコ、鶏肉、アワビ、サザエなど
調味料や味つけによる		味噌煮	味噌の消臭効果を生かして魚の臭みをとり、風味を加える。生姜と一緒に煮ることも多い。	サバ、イワシ、アジなどの脂がのった青背の魚
		酢煮	煮汁に酢を加えて煮て、材料を柔らかくさっぱりとした味に仕上げる。	サバ、イワシ、アジなど青背の魚など
		甘露煮	甘みの強い醤油味で魚をつややかに煮たもの。さらに煮汁が水飴のようになるまで煮詰めたものは飴煮とも。	アユ、モロコ、フナなど
		辛煮	醤油に酒、またはみりんを少量加えた煮汁で材料を弱火で煮汁がなくなるまでじっくり煮詰めたもの。	サンマ、イワシなどの青背の魚など
		時雨煮	醤油が多めの煮汁で生姜とじっくり煮たもの。	アサリ、カツオ、牛肉など
		甘煮・蜜煮	甘みをきかせた煮汁で煮たものや、蜜（シロップ）で時間をかけて味を含ませたもの。	栗、黒豆、そら豆、青梅、さつま芋、ふきのとうや花山葵などの山菜など
煮る前に下調理する		炒め煮	材料を油で炒めてから煮たもの。油のコクが加わり味に深みが出る。	根菜類、こんにゃく、おからなど
		揚げ煮	材料を油で揚げてから煮たもの。コクをプラスして煮崩れを防ぐ。	魚介類、茄子、豆腐類、川魚など
		煮浸し	材料を素焼きした後、たっぷりの煮汁で煮て中まで味を浸透させる。または野菜を茹でてから、合わせだしに浸して味を含めたもの。	アユ、モロコなどの川魚、ほうれん草などの葉物野菜など
素材の色を生かす		白煮	白い材料の色を生かすよう、淡い色の煮汁で煮たもの。	うど、百合根、里芋、蓮根などの野菜、白魚やイカ、ホタテなど
		水晶煮	材料を透明感のある美しい色に煮上げたもの。	うど、冬瓜など
		瑠璃煮	茄子の皮の紫紺色を生かして煮上げたもの。	茄子
		青煮	緑色の材料の色を鮮やかな色になるよう煮上げたもの	ふき、いんげん、絹さや、はす芋など
		翡翠煮	緑色の野菜や豆類を透明感のある緑色に煮上げたもの。	えんどう豆、冬瓜など
煮汁にとろみをつける		吉野煮	材料に葛粉をつけたり、煮汁に葛粉を加えてとろみづけしたもの。	アワビ、エビ、鶏肉、野菜・豆類など

煮物の基本技術

煮物は、材料を煮汁で加熱する調理法で、一見シンプルにみえて、幅広い知識と高い技術を必要とする。まずは素材を見極めることに始まり、素材を生かす味つけや加熱の方法、道具の使い分けなど、様々な工程がある。ここでは、煮るという本調理の前に欠かせない、各素材に適した下ごしらえ、料理の基礎ともいえるだしについて、煮汁の種類、道具についてなど、煮物の基本テックニックを紹介する。

材料の下ごしらえについて

煮物の調理は、良質な素材を選ぶことはもちろん、下ごしらえから調理は始まっている。煮る前にひと手間をかけて準備をしておくことが、煮物料理の礎になる。ここでは素材の区分ごとに主な下ごしらえのコツとポイントを紹介する。

魚介類の下ごしらえ

◎塩をする／魚介類の下ごしらえのコツは、生臭みを抜き、うま味を閉じ込めるために行う。魚介類の下ごしらえには塩を多用する。塩をふると、塩の浸透圧の働きで余分な水分と一緒に臭みも抜ける。基本的には魚介類の下ごしらえには塩をふるが、白魚のように身が柔らかい食材は、塩水（立て塩）で洗って臭みを抜くこともある。アラや中骨など、固くて臭みが強いものは塩をすり込むなど、素材の特性に合った方法で行うようにする。

◎霜降りにする／魚介類をサッと熱湯に通して表面だけに火を通すことを〝霜降り〟と呼ぶ。ここでは、サッと茹でて、臭みを取り除くと共に表面を固め、うま味が流出しないようにするのが目的。茹でた後、熱が入り過ぎないよう、氷水にとって急冷したら、余分な水気をふきとる。

肉類の下ごしらえ

◎余分な脂やスジをとる／肉類の下ごしらえは、肉の生臭みをいかに取り除き、口当たりをよくするかがコツ。まず、肉のスジや余分な脂は切り取る。さらに下茹でして臭みを抜いたり、皮付き肉の場合は、皮目を焼

いて余分な脂を落とすと共に、うま味を中に閉じ込めてから煮るとよい。また、ぬかや米のとぎ汁で下処理をして臭みや余分な脂を抜くこともある。

野菜・加工品の下ごしらえ

◎色出し／野菜の色を引き出す方法は、茹でてから冷水につけることが多い。ふきやオクラなどは「板ずり」(塩をもみ込む)してから茹でると、皮やうぶ毛が取れて色よく仕上がる。茄子の色出しには、茄子の色素に反応するみょうばんを用いることもある。

◎アクを抜く／苦みやえぐみの元にもなり、不快で不要な成分を総称して「アク」と呼ぶ。ただ素材の持ち味のひとつでもあるので、アクの抜き過ぎもよくない。一般的に山菜はアクが強いものが多く、重曹や米ぬかを加えて下茹でするこども多い。葉物野菜や根菜は、水や酢水、塩水にさらしたり、下茹でするなどしてアクを取り除く。基本的に植物性のアクは加熱する前に水にさらしたり、下茹でをして抜くことが多い。ちなみに動物性のアクは加熱して、浮き上がってきたものを取るようにする。

◎下茹で／本調理(煮る)前に、材料を茹でて、火の通りをよくすること。またアク抜き、ぬめりをとる、などの目的のためにも行う。例えば大根は、米のとぎ汁で茹でることでアクを取り除くことができる。これは、米のとぎ汁に含まれるでんぷんと、大根に含まれるジアスターゼという成分が反応することで大根の甘みが引き立き出されるため、より素材のおいしさを引き立たせることができる。

◎隠し包丁／味をしみ込みやすくするため、野菜の表面に切り込みを入れること。大根や人参など、火の通りに時間のかかる根菜類に施すことが多い。同時に面取りも行うと、煮崩れを防ぎ、煮上がりも美しくなる。

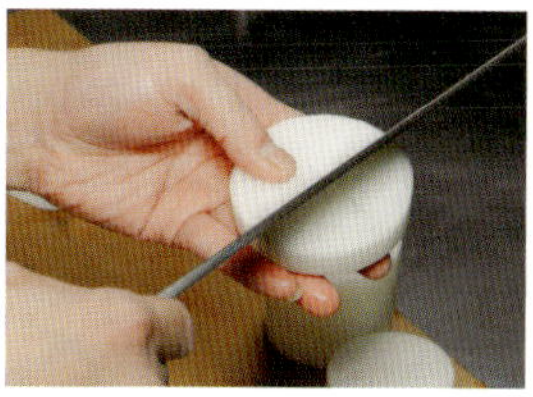

◎面とり／大根や芋類などを煮る時、角が煮崩れするのを防ぐため、あらかじめ角を切りとり、形を整えること。煮上がりが美しくなる。

◎油抜き／食材を下揚げしてから揚げ煮にする場合、また油揚げなどを用いる場合は、煮る前に熱湯をかけて油抜きをしてから煮ると、コクがありながら品よく仕上がる。油抜きする際は、ざるや網の上にのせて熱湯をまわしかけるとよい。

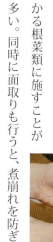

「煮る」技術について

火加減と調理時間

煮物は素材を煮汁で加熱して煮ることで、煮汁の味や成分を素材にしみ込ませる調理法。「煮る」という手順は様々な状況に応じて、それぞれの煮物に合った火加減で操作することが欠かせない技術のひとつである。

煮物における火加減は、煮汁が煮立つまでは強火、沸騰してきたら弱火にし、表面が静かに泡立つ程度に保つのが基本。また落としぶたを用いると、少ない煮汁で味を均一にまわすことができる(P.26)。基本的に淡泊なもの、柔らかいものは短時間で、クセのあるものや固いものは時間をかけて煮るとよい。煮る時間は、葉野菜↓魚介類↓芋・根菜類↓穀物↓豆類、肉(塊)の順に長くなる傾向にある。また薄味に仕上げたい場合や材料が柔らかく、煮崩れる可能性がある場合には、煮汁につけたまま冷まし、味を含ませる手法もある。これは**「鍋止め」**と呼ばれ、野菜の含め煮などに多用される。

煮物の種類に応じて鍋を選ぶ

煮物は、それぞれの材料や量、調理法に合った鍋を使うことも大切である。鍋は素材の量に対して大き過ぎず、小さ過ぎない大きさが基本。例えば、魚の煮つけは、形を崩さないよう手早く煮上げる必要があるため、魚が重ならない大きさの鍋が必要となる。一方、たっぷりの煮汁で中まで味を含める芋類や豆類、肉類などは素材が十分煮汁に浸るような深さのある鍋で煮ると、ふっくら仕上がる。時間をかけてじっくり味を含ませたい場合は蒸し器を用いるとよい。

煮汁について

煮汁は、煮るための汁で、あらかじめ、だし、醤油やみりん、砂糖、酒などを合わせた八方だし(P.22～23)を使うことも多い。**「八方だし」**には濃口醤油や薄口醤油を配合した「濃口八方」、「薄口八方」、酒が多めの「酒八方」など、いくつか種類があり、料理の用途にあわせて割合を調整する。煮物では煮汁の量も大切。煮物の種類や素材の特性に合わせて「ひたひた」「かぶる程度」「たっぷり」など、煮汁の量(P.19図表)を加減することも大切である。

素材に応じた調理のコツ

煮物は、素材に応じて調味料の量や加えるタイミング、火加減などを的確に判断して煮上げるために必要な要素が数多くあるが、まずは素材を生かすことが大切である。

◎魚介類の煮物のコツ／魚介類につい

ては、まず淡泊な「白身魚」は、短時間で素材の味を生かす煮つけやあら炊きが向く。「青背の魚」はクセがあるので味噌や濃口醤油、酒、生姜など香味野菜を使うのもおすすめ。アユやフナといった「川魚」は臭みが強いので、濃いめの煮汁でじっくり煮てクセをやわらげることが多い。煮る前に素焼きしてから煮浸し（P.15）にする場合もある。「赤身の魚」は臭いが強いので、あら炊きや生姜煮など、しっかりした味で煮るのがおすすめ。「白子や真子」は、色を生かして淡い色の合わせだしで煮含めるとよい。アワビやトコブシなどの「貝類」は加熱すると身が固くなるので、短時間で煮るか、さらに時間をかけて柔らかくなるまで蒸し煮にするなど、料理によって調整するが、酒を使うと柔らかくなる。エビに代表される「甲殻類」も加熱時間が長いと固くなるので、素材の持ち味や色を生かし、煮汁で短時間加熱するとよい。「イカ・タコ」なども貝類と同様に短時間でうま味と食感を生かして煮るか、繊維が柔らかくなるまでじっくり煮る手法が適している。

◎肉類の煮物のコツ／肉類の煮物は日本料理では数は多くはないが、鴨、豚、牛、鶏肉などが使われることが多い。例えば肉質が緻密でうま味が強い鴨肉は、短時間で加熱してうま味を閉じ込める手法が向く。淡泊な味わいの豚肉や鶏肉などは、弱火で柔らかく煮上げるなど、特徴に応じて調整する。

◎野菜類の煮物のコツ／魚介や肉類に比べるとあっさりしたものが多く、だしやその他のうま味を足して持ち味を生かすよう煮るとよい。「葉野菜」の場合、薄味の煮汁で加熱時間は短め、「根菜」は弱火でゆっくり煮て中まで味を含める。また「豆類」や高野豆腐などの「植物性の乾物」は、時間をかけてしっかり味を含めるようにするとよい。野菜の煮物は料理の彩りとしても大切な役割があるため、色が美しく出るよう下ごしらえにも配慮する。

～代表的な煮物の煮汁の量と火加減について～

	炒め煮・揚げ煮	蒸し煮	煮浸し	含め煮	煮つけ
特徴	炒めたり揚げてから煮ることで、素材の臭みや水分を飛ばし、味をのりやすくする。	直火でないため、火のあたりがやわらかく、しっとり仕上がる。	材料を煮汁で煮て、いったん冷ますことで味をしみこませる。	たっぷりの煮汁を使い、弱火で煮て中まで味を浸透させる	少なめの煮汁で素材のうま味を煮汁に移し、その煮汁で素材を煮て味をつける。
素材	根菜類、茄子、肉類など	肉類やアワビ、タコなど	川魚類・青菜類	芋、根菜類、鯛の子、高野豆腐などの乾物類	魚全般
時間	手早く	じっくり	比較的長時間	長時間（※素材に応じて調整）	短時間
煮汁の量	やや少なめ	多め	かぶる程度	たっぷり	ひたひた
火加減	中火 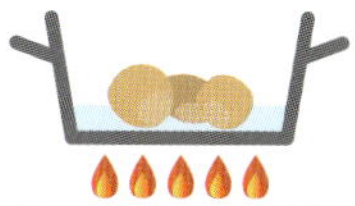	弱火～中火 	弱火～中火 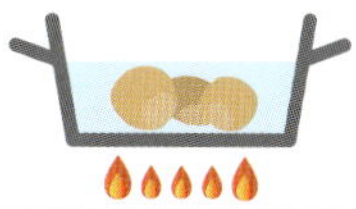	弱火 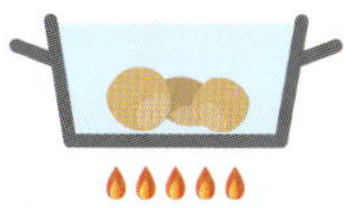	中火 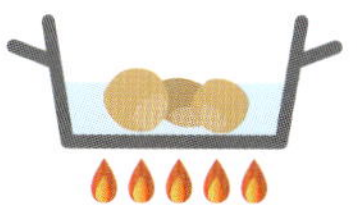

※火加減について
【弱火】鍋底に直接火があたらないくらいの火加減　【中火】鍋底に火の先があたるくらいの状態　【強火】鍋底全体に火があたるくらいの火加減

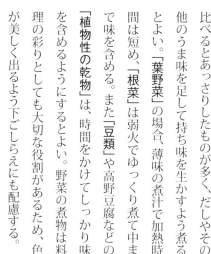

煮物の「だし」について

「だし」のうま味を上手に使うと
素材の持ち味が引き立てられ、
煮物のおいしさが増す。

一番だし

昆布とカツオ節のうま味を
短時間で抽出した基本のだし

■材料（作りやすい分量）
昆布（利尻）…20g
カツオ節（血合い入り）…60g
水…1升（約1.8ℓ）

■作り方
1 鍋に切り込みを入れた昆布と分量の水を入れ、最低でも30分、できれば3時間程度つけておく。
2 鍋を中火にかけ、鍋肌に小さな泡がつきはじめたら（a）、昆布を引き上げてアクをとり、火を止める。
3 カツオ節を入れて（b）再び火にかける。煮立つ直前に火をとめて手早くアクをとる。
4 そのまま少しおいてカツオ節が落ち着いたらネル（または厚手のキッチンペーパー）で漉す（c）。このとき絞らないようにし、だし汁が自然に落ちるのを待つ。

※昆布に切り込みを入れておくと、切り口からもうま味成分が出るので、だしが短時間でしっかり出る。

【用途】料理全般、煮汁のベースとして、八方だしの材料にも使用。

a

b

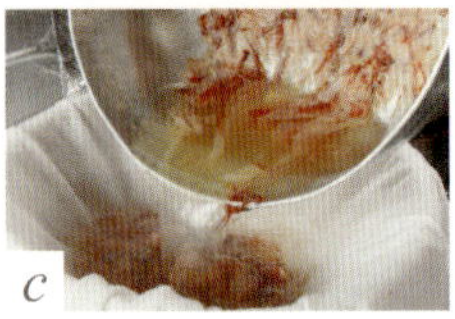
c

二番だし

うま味をじっくり引き出し、
追いガツオでさらに風味を補う

■材料（作りやすい分量）
一番だしで用いた昆布とカツオ節…全量
カツオ節（血合い入り）…12g
水…1/2升（約900㎖）

■作り方
1 鍋に、一番だしで用いたカツオ節と昆布を入れ、カツオ節を追加し（a）、分量の水を注ぎ入れる。
2 鍋を中火にかけ、煮立ってきたら弱火にして15分ほど煮る（b）。じっくりうま味を引き出して火を止めてアクを引く。
3 そのまま少しおき、カツオ節が沈んだら、ネル（または厚手のキッチンペーパー）で漉す（c）。

※追いガツオに使うカツオ節の分量は「一番だし」のカツオ節分量の2割を目安に。

【用途】惣菜風の煮物など。

a

b

c

昆布だし

a

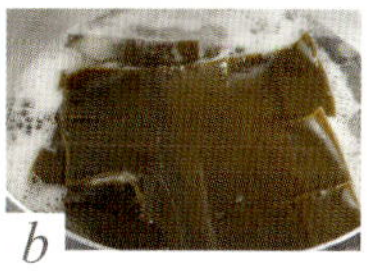
b

精進料理や
淡白な素材の味を生かす料理に

■材料（作りやすい分量）
昆布（利尻）…25g
水…1升（約1.8ℓ）

■作り方
1 両端に切り込みを入れた昆布（a）と水を合わせ、できれば一晩（最低でも30分程度）つけておく。
2 1を中火にかける。沸いてきたら火を弱め（b）、アクをすくって火を止めてa昆布を引き上げる。

【用途】精進料理、野菜や淡泊な魚の煮物料理など。

※昆布を一晩水に浸してとる「水出し」にして使ってもよい。昆布の甘みやうま味が生かされる。

※昆布だしを煮出す場合、弱火より中火で、うま味をサッと引き出すのが、すっきりしただしを引くコツ。

干し椎茸だし

a

b

精進料理に欠かせないだしで、
独特の香りとうま味が特徴

■材料（作りやすい分量）
干し椎茸…50g
水…1ℓ

■作り方
1 干し椎茸は水にサッと浸して汚れを浮かし、きれいにする（a）。
2 1をひたひたに水で一晩つける（b）。
3 2を一度ゆでこぼしてざるにあげ、分量の水を加えて火にかける。煮立ってきたらアクをすくいとって火と止め、漉して使う。

【用途】椎茸の含め煮、精進料理など。

※椎茸を一晩水につけて戻し、戻し汁をだしとして使ってもよい。こちらの方が干し椎茸の香りが強い。

※干し椎茸は水出しにすると、特有の香りやうま味と一緒に苦味や雑味も出る。一方、煮出すと香りはマイルドで雑味が少なく、うま味が増す。干し椎茸の含め煮には水出しのだしが向く。

煮干しだし

a

b

力強く濃厚なうま味と風味が特徴
味噌や醤油とも好相性

■材料（作りやすい分量）
煮干し…50g
昆布（利尻）…10g
水…1ℓ

■作り方
1 煮干しは、頭と腹部分を取り除いておく（a）。
2 鍋に分量の水と煮干しを入れ、30分程度おく（b）。
3 2を中火にかける。煮立ってきたらアクをとり、火を止めてネルで漉す

※煮干しは、すっきりとした味わいのもの（白口煮干しなど）を選ぶとよい。

【用途】味噌汁、めんつゆ、惣菜風の煮物など。

※カツオ節や昆布のだしと比べると、やや苦味もあるので、だしの味がストレートに出る吸い物や椀物などには不向きだが、力強い風味があり、コクのある味噌や醤油との相性がよい。味噌汁やさまざまな総菜用のだしに向く。

鶏スープ

a

b

鶏ガラを弱火でじっくりと煮出し
うま味とコクを凝縮させる

■材料（作りやすい分量）
鶏ガラ…1kg
鶏モミジ…1kg
生姜（薄切り）…3〜4枚
長ねぎ（青い部分）…約10本分
余った野菜など…適量＊
水…3升（約5.4ℓ）
＊キャベツ（または白菜）の外葉3〜4枚、玉ねぎ1個

■作り方
1 鶏ガラやモミジは、熱湯にさっと通し、水洗いする。
2 大鍋に1の鶏ガラ、鶏モミジ、残りの材料をすべて入れて強火にかける。
3 沸いてきたらアクをすくって弱火にし（a）、1時間ほどじっくりと煮る。
4 充分にうま味が出たら、火を止め（b）ネルで漉す。

【用途】鶏の水炊き、鍋地、煮物など。

※野菜は、キャベツや白菜、玉ねぎなど、甘みのあるものがおすすめ。

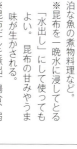

煮物の八方だしについて

だしや調味料を配合した煮汁の素
名前の由来は使い勝手がよく
四方八方使えることから。

しっかりとした味の定番合わせだし

濃口八方

だし8：濃口醤油1：みりん1

使い勝手のよい合わせだしで、しっかりした味、風味とコクがあり、やや濃い味つけの煮物に用いる。基本の配合は、だし8：濃口醤油1：みりん1とされるが、素材の特徴や仕上がりのイメージに応じて配合は適宜調整する。

秋刀魚の土佐煮(P.61)
牡蠣の治部煮(P.77)
豚角煮二種(P.74～75)
合鴨ロース煮(P.73)
合鴨の治部煮(P.76)
牛肉の時雨煮(P.79)
筑前煮(P.80)
野菜の田舎煮(P.90)

素材の色や持ち味を生かしたい場合に

薄口八方

だし8：薄口醤油1：みりん1

素材の色や持ち味を生かしたい場合に用いる合わせだし。だしの割合を多くすると、かけつゆ、鍋地などにも応用できる。配合は素材や鮮度の状況に合わせて甘味や酒を加えて調整する。

車海老の芝煮(P.32)
鯛の子の含め煮(P.34)
鶏の沢煮椀(P.78)
野菜と海老の炊き合わせ(P.83)
野菜の煮物　吹き寄せ風(P.83)
一般的な野菜の含め煮(P.86～87)
筍の若竹煮(P.88)
筍の土佐煮(P.88)
茄子の翡翠煮(P.94)
茄子の瑠璃煮(P.94)
蕗の青煮(P.96)
うすい豆の吉野煮(P.100)
鍵蕨の含ませ煮(P.102)
こごみの玉子締め(P.104)
湯葉のオランダ煮(P.110)
根菜と利休麩の煮物椀(P.114)
炒り米だしの精進煮物椀(P.115)
たらの芽の利休煮(P.116)
寄せ鍋(P.126)
関西風おでん(P.127)
揚げだしのみぞれあん仕立て(P.128)
鯛の蕪蒸し(P.128)

※本書で紹介する主な煮物を八方だしの系統ごとに掲載。

白八方

素材の白さをいっそう引き立てる

だし＋塩＋みりん

材料の白さを引き立てたいときや、より白く仕上げたいとき、また煮汁の色を出したくない場合などに用いる。醤油の代わりに塩や白醤油を使う。見た目は白いが塩分が強くなる傾向があるので、注意する。

- 鱧の黄身煮(P.38)
- 鮎魚女の黄身煮(P.38)
- 蓮根･うど･かぶ･大根･長芋の含め煮(P.87)
- ふろふき大根(P.92)
- 独活の水晶煮(P.98)
- 独活の白煮(P.98)
- 鶏の水炊き　飛鳥鍋風(P.127)
- 鮭と引き上げ湯葉の銀あん仕立て(P.128)

酒八方

淡泊な魚介の煮物や蒸し物に多用

酒＋水8：醤油1：みりん1

だしのかわりに酒や水を多く配合した八方だしで、主に魚の煮物や蒸し地をさっぱりと仕上げたい場合に使うとよい。酒と水の割合は、用いる素材や状況に応じて調整する。

- 鯛のあら炊き(P.29)
- アラの煮つけ(P.30)
- 皮剥の煮つけ(P.30)
- 煮穴子(P.36)
- 帆立の山吹煮(P.40)
- 鯛の卵の花煮(P.42)
- 虎魚の吉野煮(P.44)
- 烏賊の印籠煮(P.46)
- 伊勢海老の具足煮(P.48)
- 蛸の柔らか煮(P.50)
- 鯖の味噌煮(P.52)
- 鯖の難波煮(P.54)
- 鯵の酢炊き(P.56)
- 鰯の梅煮(P.56)
- 稚鮎の飴煮(P.58)
- 鮎の煮浸し(P.60)
- 白魚の白煮(P.62)
- ちりめん山椒(P.64)
- 北寄貝の炒り煮(P.66)
- 煮鮑二種(P.68～69)

煮物の「調味料」について

調味料の特徴や働きを知ることで
煮物の技術も向上する。

塩

下ごしらえから味つけまで
最も基本的な調味料のひとつ。

塩味をつけるだけでなく、調理の下ごしらえ時にも様々な働きをする。塩分の感じ方は、季節によって、また温度によっても変わるので、状況に応じて調整することが大切。

【主な種類】
うま味や甘味が感じられる「天然塩（自然塩）」と、雑味がなく塩分を強く感じる「精製塩」とに大別できる。煮物料理には、基本的には海水を原料とした「天然塩」が向く。

【主な働き】
塩味をつける／余分な水分を引き出す／甘味を引き立たせる対比効果／青菜の色をよくする／防腐効果…など

醤油

煮物には欠かせない
発酵醸造調味料

原料となる大豆や小麦を、麹菌や酵母などが持つ酵素の働きによって長期発酵・熟成させた液体調味料。醸造によって生まれるうま味成分が、煮物の味に奥行きを与える。製造法や地域によっても多くの種類があり、地域の食文化を支える存在でもある。

【主な種類】
「濃口醤油」は、色が濃く、香りがよいため、煮物全般に広く使われる（塩分15～16％）。「薄口醤油」は濃口醤油より塩分がやや高く（約17～18％）淡い色とすっきりとした風味が特徴。野菜や白身魚など、素材の色や持ち味を生かしたい煮物に向く。「たまり醤油」は、ほぼ大豆だけでつくるのが特徴。とろみがあり、濃厚で甘味とうま味を持つ。「白醤油」は、小麦を主原料に、大豆を少量用いて低温・短期間発酵させたもの（塩分約18％）。色が淡く、うま味は控えめで、特有の香りと甘みがあり、色を生かす煮物や吸い物などに向く。

【主な働き】
魚や肉の生臭みを消す／加熱により、食欲をそそる芳香を生む／甘味を引き立たせる対比効果／うま味の相乗効果／塩味をやわらげる／殺菌効果…など

酒

素材の臭みを抜いたり
料理にうま味と風味をプラスする

日本料理で酒というと、基本的には日本酒（清酒）のこと。原料となる白米を蒸して麹と水を加えて発酵・熟成させた飲料で、日本各地で様々な酒が製造されている。

【主な種類】
日本酒には米の種類、精米の度合い、製法などの違いによって、様々な種類があるが、原料に醸造アルコールを添加しているか否かによって大別することができる。原料に醸造アルコールを加えたものは、原料米の精米歩合が高い順に、「本醸造酒」「吟醸酒」「大吟醸酒」となる。さらに醸造アルコールを添加せず、米と麹と水だけで醸造したものは〝純米〟の名をつけて区別する。煮物料理には、繊細な吟醸酒より、一般的な本醸造酒や純米酒がおすすめ。ちなみに料理酒は、塩分や甘み、うま味を加えて調整されたもの。

【主な働き】
素材の臭みをとる／コクやうま味を加える／味をまろやかにする／素材を柔らかくする…など

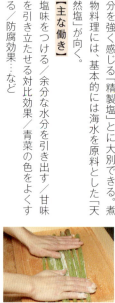

砂糖
甘味をつける以外にも
様々な働きをする

砂糖は一般的にサトウキビ、またはテンサイ（砂糖大根・ビート）の絞り汁から糖分をとり、精製したものを指す。工程の違いによって様々な種類があり、料理によって使い分けるとよい。

【主な種類】
砂糖と表記がある場合は、「上白糖」を指すことが多い。溶けやすく味にクセがなく使いやすい。「グラニュー糖」は高純度で、あっさりした甘みが特徴。「三温糖」は上白糖をつくった後の糖蜜をさらに煮詰めたもの。薄茶色で特有の風味があり、甘さはやや強く感じる。「黒砂糖」はサトウキビの絞り汁を煮詰めたもので、特有の風味と甘みがある。煮物にコクや風味をつけたい場合に用いる。

【主な働き】
甘みをつける／吸水・保水効果／加熱時のタンパク質凝固の抑制（肉や魚を柔らかくする）／防腐効果・保存性を高める…など

みりん
甘味をつける以外にも
様々な働きをする

みりんは酒の仲間で、伝統的なみりんは、蒸したもち米、米麹、焼酎（またはアルコール）を原料に、糖化・熟成したもの。

【主な種類】
もち米と米麹、焼酎を加えて半年～1年間貯蔵熟成させたものを特に「本みりん」と呼び、砂糖にはない、まろやかな甘みが特徴（アルコール度数約14％）。本みりんとは別に、うるち米を麹で糖化し、酵母醸酵させて糖類やアルコールを加えた「発酵調味料（加塩みりん）」や、ブドウ糖や水あめなどの糖類にうま味調味料などを加えた「みりん風調味料（アルコール度数1％未満）」などがある。

【主な働き】
上品な甘味をつける／うま味を加える／煮崩れ防止（素材を引き締める）／消臭効果／つや・てりを出す…など

酢
加熱すると酸味が
まろやかな味わいに変化する

主原料は米や麦などの穀物、りんごやぶどうなどの果実で、これらをアルコール発酵させた後、酢酸発酵させたもの。煮物で用いるのは、主に米を原料としてつくられた「米酢」。煮物では隠し味として加えたり、材料の下ごしらえに用いることが多い。加熱すると、まろやかな味わいになる。

【主な種類】
穀物や果汁を酢酸酢によって酵・醸造した「醸造酢」と、醸造酢に近い酸味に調え、甘味料や塩、うま味調味料などを添加した「合成酢」がある。また「醸造酢」には、さっぱりとした「穀物酢」、まろやかな「米酢」、果汁を原料にした「果実酢」などがある。

【主な働き】
酸味や風味をつける／うま味を引き出す／防腐効果／変色防止タンパク質を固める／素材を柔らかくする／アクを抜く…など

味噌
うま味やコクを合わせ持つ
多様な味わいが魅力

古くから貴重なタンパク源として各地で造られてきた伝統的な発酵食品。味噌を複数合わせたり、異なる調味料と組み合わせると、さらに奥深い味わいが生きる。

【主な種類】
原則別に分類では「米味噌（大豆＋米麹＋塩からつくる）」、「麦味噌（麦＋豆麹、塩からつくり、やや甘め）」、「豆味噌（大豆＋豆麹のみでつくる。色もうま味も濃厚）」などがある。他にも甘口、辛口など「味」による違い、赤味噌、淡色味噌、白味噌などの「色」による違い、粒味噌、なめらかな漉し味噌など「粒の大きさ」の違いでも分類できる。

【主な働き】
塩味やうま味を加える／消臭効果／食欲増進効果…など

～料理の基本「さしすせそ」～
料理の味つけの順序を表す言葉に「さしすせそ」がある。「さ」は砂糖、「し」は塩、「す」は酢、「せ」は醤油（昔は「せうゆ」と表記）、「そ」は味噌のこと。まず「さ」「し」について。砂糖よりも塩の方が分子量が小さいため、塩を最初に加えると材料に浸透して組織を引き締め、砂糖が入る隙が少なくなるので先に加える。次に「す」「せ」「そ」は、すべて発酵醸造調味料。熱を加えると独特の風味が飛んでしまうため、後から加えて風味を残す。ただし、これらは材料の芯までじっくり味をしみこませたい煮物に適した順番で、魚の煮つけなど、短時間で味をつけたい場合には、調味料を合わせた八方だしなどを使うことが多い。さらに材料の鮮度や持ち味などによっても加える量やタイミングを調整する必要がある。ちなみに「酒」は消臭や食材を柔らかくする効果があるので、砂糖よりも先に加えるとよい。

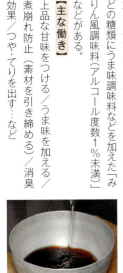

煮物の「道具」について

道具を使い分けることも
煮物の大切な技術のひとつ。

経木・竹皮

木の紙のように薄く削った経木(薄板、へぎ板と呼ばれることも)や竹皮は、煮物を作る際、鍋底に敷くと、素材が鍋底に焦げつくのを防ぐことができる。また煮物を取り出す場合にも、形を崩さず移動しやすいという利点もある。経木は落としぶたの代わりとして使うこともある。

鍋

鍋は煮物の調理全般に欠かせない道具のひとつ。鍋の種類としては、両手鍋、片手鍋、やっとこ鍋(柄がなく、やっとこで挟んで持ち上げる)、蒸し器(鍋に湯を張り、水蒸気を利用して食品をゆっくり加熱する)、などを用途により使い分ける。鍋の材質によっても特性が異なる。アルミ製は軽くて熱伝導率がよく、鉄製は高熱に強くて油がなじみやすい。またステンレス製はさびにくく耐久性があり、手入れもしやすい。銅製は高価だが熱伝導率が非常によく耐久性にも優れる。

煮ざる・盆ざる

「煮ざる」は、縁取りをせずに竹を粗くんだざるで、主に魚を煮る時に使う。鍋に煮ざるを入れて材料を煮ると、焦げつきや煮崩れを防ぐことができる。煮上がったら、ざるの端をまとめて持ち、そのまま引き上げる。「盆ざる」は丸く浅いざるで、材料を洗ったり、茹でた後にのせて水切りする他、素材を干すときにも使用するなど、幅広い用途がある。写真は竹製。

落としぶた

鍋の口径よりもひとまわり小さいふた。木製のものが一般的。落としぶたをすると、少ない煮汁でも煮汁が対流しやすくなり、効率的かつ均等に食材に味をしみ込ませることができる。材料が鍋の中で煮踊りして煮崩れするのを防いだり、煮汁の蒸発を抑えることができる。素材が柔らかく繊細な場合には、軽い紙ぶたや経木を落としぶたとして用いることもある。

玉杓子

煮物を取り出す、汁をすくう、アクを取り除く、など煮物の調理に多用する道具。また穴の開いた穴杓子は、材料を霜降りにする際に用いると便利。また玉締めの際、溶き卵を穴杓子で煮汁に落とすと、ふんわりとした仕上がりに。

第二章　煮物の料理

魚介の煮物

魚介の煮物の手法は大きく分けて二つある。ひとつは濃いめの煮汁を煮立てて魚を入れ、うま味を閉じ込め、表面に味をコーティングする方法。もうひとつは煮汁を静かに煮立てて魚のうま味を煮汁に引き出し、うま味を煮汁ごと素材に煮含める方法で、いずれにしても魚は鮮度のよいものを使い、それぞれの魚の持ち味を生かすことが大切である。

あら炊き

鯛のあら炊き

「あら炊き」は「あら煮」と呼ぶこともあるが、タイのアラを強火で一気に炊いて表面に味をのせるのがコツ。ゼラチン質や脂質が豊富で上身の煮つけとは違ったおいしさがある。煮る前に熱湯で霜降りにし、臭みや汚れなどを取り除いておくことで素材のおいしさを引き立てることができる。酒をたっぷり加えて甘辛い煮汁で煮るが、煮汁が少し残る程度に照りよく煮あげ、生姜で風味を添える。

酒八方系

＊作り方は129ページ

煮つけ

煮つけ二種

白身魚の煮つけ

*作り方は130ページ

皮剥《かわはぎ》の煮つけ

*作り方は130ページ

魚の煮物の定番である〝煮つけ〟は、多くの魚に用いられる手法。ここでは白身魚のアラとカワハギを例に紹介する。酒を多めに配合した煮汁を火にかけ、沸いてきたら、霜降りした魚を短時間で煮上げる。煮過ぎると身が固くなって、うま味も抜けてしまうので注意する。白身魚や鮮度のよいものは味つけも控えめにして素材の持ち味を引き立てるようにするとよい。煮汁は魚から出るうま味も考えて味の調整を行うことも大切である。

酒八方系

白身魚の煮つけのコツ

魚の煮つけをおいしく作るには、魚特有の生臭みや汚れをきちんと取り除くことが第一条件。熱湯で魚をくぐらせて霜降りにしたら（a）、冷水にとってきれいに洗う（b）。この下処理が煮上がりのおいしさを左右するので丁寧に行う。これを煮立った煮汁に入れ、経木で落としぶたをして煮ると、煮汁が対流して火が均等に通りやすくなる。また少ない煮汁で効率よく煮ることができる。

芝煮

車海老の芝煮

＊作り方は131ページ

「芝煮」という名前の由来は、もともと東京湾（江戸前）の〝芝浦〟付近で獲れた新鮮な小海老を素材の良さを生かして手早く煮たものだといわれている。ここでは贅沢に有頭の車海老を用いて姿を生かし、さっと煮てエビの色や甘みを生かして仕上げる。茄子を油で揚げた「茄子のオランダ煮」を一緒に盛り、食べ応えのある一品に仕上げている。

薄口八方系

車海老の芝煮のコツ

新鮮なエビの持つ甘みを生かすよう、すっきりとした味わいの薄口八方系の煮汁を用いる。まず煮汁を沸かしたところに海老を入れ（a）、鍋を傾けて煮汁がまんべんなくまわるようにしながら、（b・c）短時間で煮上げるのがポイント。

鯛の子の含め煮

＊作り方は131ページ

タイの子は名前の通り、春から初夏にかけて産卵期を迎えるマダイの卵巣部分のこと。丁寧に下ごしらえを施したタイの子は、さっと薄味で炊いて品よく煮上げるのがおすすめ。煮汁の中で花開く様子から「花煮」とも呼ばれる。静かに炊き、口に入れたときにふわりとくずれるような食感に仕上がるのがポイント。

薄口八方系

鯛の子の含め煮のコツ

タイの子は下処理が大切。塩水につけてからアクや血合いを丁寧に取り除くことで臭みがとれ、仕上がりも美しくなる。タイの子は縦に切り目を入れて開き（a）、薄皮を傷つけないよう注意しながら切り分ける（b）。熱湯で霜降りにして花が開いたようになったら引き上げ（c）氷水にとる。ここでは火の通りを七割程度にとどめ、薄口八方系の煮汁に生姜を加えてタイの子が踊らないよう静かに炊くのがコツ（d・e）。途中出るアクは取り除く（f）。

＊作り方は132ページ

煮穴子

◎身巻き穴子の煮こごり射込み

＊作り方は132ページ

煮穴子の煮方

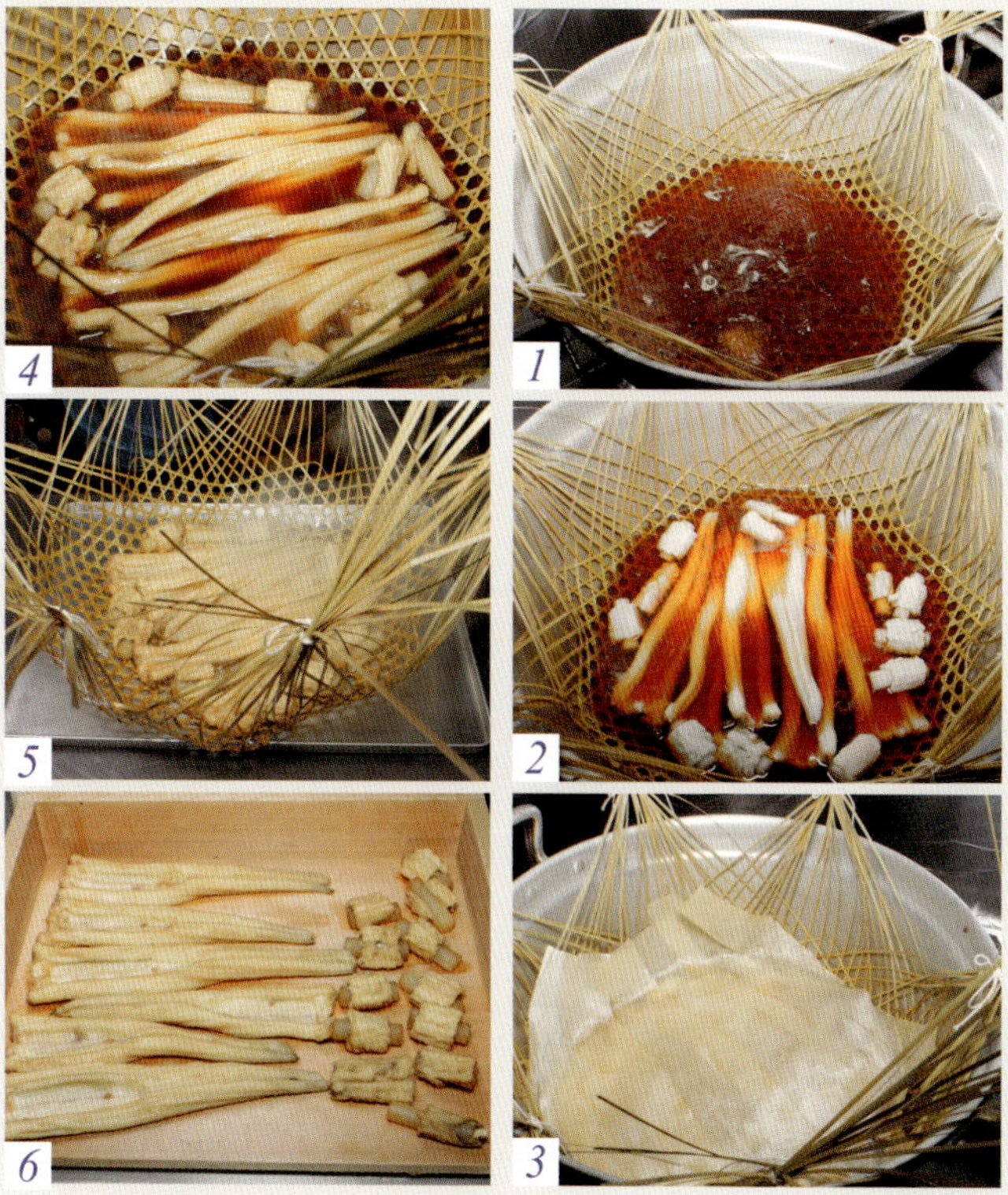

1 アナゴは煮上がりは身が非常に柔らかいので、鍋に竹網※をしいて煮汁を入れる。*2* 煮汁が煮立ってきたら下処理をしたアナゴ(P.132)の身を上にして入れる。*3* 経木をぬらして落としぶたをする。*4* そのまま15分程度静かに煮る。*5* アナゴが煮えたら、竹網ごと引き上げる。*6* 斜めに少し傾けて置いた抜き板に煮上がったアナゴを広げて冷ます。

※この竹網は〝縛り煮ざる〟と呼ばれるもの。この煮ざるを用いると鍋底に直接アナゴが当たらないので火の当たりがおだやかで焦げつき防止に。また煮上がったアナゴを取り出すときにも形がくずれない。また竹が魚を柔らかくするとも言われている。

ふんわり柔らかく煮上げた「煮穴子」は、アナゴの定番料理のひとつ。ふっくら柔らかく煮上げるには、旬の脂のりがよいアナゴを用いるとよい。身に脂が入り込んでいるので加熱した際に縮み方がゆるやかになるため、しっとり煮上がる。煮汁に酒をたっぷり使うのも特徴で、アナゴの臭みをやわらげ、うま味を引き出す働きをする。アナゴは煮過ぎると身がくずれるので、火加減や時間には注意が必要。煮上がったらそのまま冷まして味を含める。ここではもう一品、アナゴを丸ごと使い、身が外側、皮が内側になるよう裏返して筒状にし、芯に煮こごり状にした煮汁を射込んだ「身巻き穴子の煮こごり射込み」も紹介。

酒八方系

黄身煮

黄身煮二種

鱧《はも》の黄身煮

＊作り方は133ページ

鮎魚女《あいなめ》の黄身煮

＊作り方は133ページ

黄身煮は、材料に卵黄をつけて煮たもので、煮上がった色から〝黄金煮〟や〝菜種煮〟と呼ばれることもある。ここでは、ハモとアイナメを用いた黄身煮を紹介。いずれも旬のものは脂がのり、おいしい魚だが、身に小骨があるので、丁寧に骨切りをしてから使うことが大切。さらに身に葛粉をまぶして卵黄をつけ、煮汁でさっと炊く。卵黄をつけたら、静かに煮立てた煮汁に入れると、濁らず美しく仕上がる。黄身煮に向くのは、白身魚や鶏肉、イカ、エビなど、どちらかといえば淡泊な素材で、卵黄をつけて煮上げることで見た目もよく、コクも加えることができる。卵黄が煮汁を含み、優しい口当たりを楽しむことができる。

白八方系

黄身煮のコツ

a

b

c

d

素材に卵黄をつける時、葛粉を薄く丁寧にまぶして（a）卵黄をつけると（b）葛粉が接着剤の役割を果たして卵黄がはがれにくい。次に煮汁が静かに煮立った状態で入れ（c）、ふたをして火を入れると（d）、熱がまんべんなく通り、ふんわり煮上げることができる。

＊作り方は134ページ

山吹煮

帆立《ほたて》の山吹煮

素材に葛粉をまぶし、卵黄をまとわせて煮た「黄身煮」のバリエーション。ホタテに格子目に包丁を入れて、卵と蒸した卵白を刻んで加えた卵液をつけて薄口八方系の煮汁で煮ると、ホタテは花が開いたようにも見え、初夏に咲く黄色い山吹の花を連想することから、山吹煮の名がある。卵のコクとホタテの甘み、やさしい口当たりが魅力の初夏の煮物料理。

酒八方系

帆立の山吹煮のコツ

ホタテは厚み半分程度まで切り込みを入れて（a）玉酒で洗ってから霜降りにして、花が開いたようにする（b）。葛粉をまぶしてから（c）卵黄と蒸してから粗く刻んだ卵白を混ぜた衣をつけ（d・e）、酒八方系の煮汁でやさしく品よく煮上げる（f）。

＊作り方は134ページ

卯の花煮

鯛の卯の花煮

卯の花はウツギと呼ばれる木に咲く白く清々しい小花で、日本料理ではそれを白く細かな「おから」のことを指す。ここでは溶き卵におからを加えて混ぜ、皮目を残したタイの切り身にまとわせて煮汁で炊く。火を通すと、煮汁を含んだ卵とおからがタイを包み込み、ふんわり優しい口当たりに。おからは水漉しをしておくことがポイント。臭みもとれてきめ細かくなり、なめらかな食感になる。

酒八方系

鯛の卵の花煮のコツ

おからは裏漉し器に入れて水で洗って漉す。おから入りの白い水を布巾を敷いたざるにあけ、水気を絞る。これと全卵を溶き混ぜ（a）、葛粉をまぶした鯛の切り身につける（b）。全卵の溶き卵は、卵黄だけの溶き卵をつけた場合より、弾力があり、なめらかな食感に。静かに煮立てた煮汁にそっと入れて（c）ふんわりと火を通す（d）。

虎魚《おこぜ》の吉野煮

＊作り方は135ページ

虎魚の吉野煮のコツ

a b c d

オコゼは身だけでなく、肝や皮、胃袋、卵巣などもおいしく、捨てるところがないと言われる。肝、卵巣、胃袋、皮は塩を加えた熱湯で霜降りにして(a)冷水にとり、ぬめりや臭み、また肝内の虫なども取り除く。身は骨切りをしてから葛粉をまぶしつけて(b)、煮汁で炊く(c)。肝や卵巣、皮、胃袋も煮汁に一緒に加えて煮含める(d)。鍋を傾けると少ない煮汁でも効率よく炊ける。

オコゼは強面な外見に反し、淡泊で上品な白身は歯ごたえもよく、フグにも匹敵する美味しさで、料理屋では好んで使われる。高級魚としても知られる。コラーゲンの多い皮や肝もおいしく食べられるので、捨てるところがない。ただし背ビレに猛毒を持つため、取り扱いには注意が必要。オコゼの上身には葛粉をまぶし、内臓類もだしのきいた煮汁で一緒に煮て、水溶きの葛粉でとろみづけをして仕上げる。〝吉野〟というのは葛を用いた料理を表す言葉で、葛の名産地である奈良の吉野が有名であることから、この名で呼ばれる。

酒八方系

印籠煮

烏賊《いか》の印籠煮《いんろうに》

＊作り方は135ページ

印籠煮とは、素材の中に具を詰めて煮たもので、素材は魚介や魚、豆腐類など様々。とりわけイカの印籠煮は昔からある料理で、ここでは具に、くずした豆腐と野菜の細切りを卵でとじたけんちん風の具材を詰め入れ、煮汁でさっと煮る。イカはスルメイカかヤリイカなど小ぶりで銅が細いものが向く。仕上げに煮汁にとろみをつけた共地あんをかけて供する。

酒八方系

烏賊の印籠煮のコツ

下処理をしイカを霜降りにする（a）。具の人参ときくらげは細切りにして八方だしで下煮し、くずした木綿豆腐と炒めて卵でとじる。この時、卵の火の入れ方を半熟にとどめた〝びしゃ玉〟にすると（b）隙間なく詰めることができる。イカの内側に片栗粉をつけて（c）具がすべらないようにし、イカが縮むことを想定して具は八分目程度詰めるの（d）も大切。つま楊枝で縫うように口を閉じて（e）煮汁でふっくらするまでサッと煮る（f）。

＊作り方は136ページ

具足煮

伊勢海老の具足煮

伊勢エビを殻付きのまま煮た、華やかな一品。〝具足〟とは戦国武将の「鎧（よろい）」のことで、紅色の伊勢老エビの殻を武者の武具に見立てて「具足煮」と呼ぶ。他にも殻付きのカニでも同様に作ることがある。この料理は素材を生かすことが特に重要で、火を通しすぎると身が固くなってしまうので、活けの伊勢エビは殻つきのまま短時間で仕上げるのが肝である。伊勢エビのうま味や風味が煮汁にも出て、シンプルながらも深い味わいが魅力。正月や祝事などハレの日の一品としてもふさわしい品格を持つ。

酒八方系

伊勢海老の具足煮のコツ

伊勢エビは氷水に30分間程度つけて締め（a）、足やひげは折らないように注意しながら縦半分に切る（b）。伊勢エビはミソをつけたまま穴杓子にのせて熱湯に沈めてくぐらせて霜降りにしたら（c）、氷水にとる（d）。水気を丁寧にふきとり（e）煮立てた煮汁に入れて強火で短時間煮て仕上げる（f）。火の通し過ぎは禁物。

柔らか煮

蛸の柔らか煮

＊作り方は136ページ

タコは味がのりにくいため、味をしみこませるには長時間煮ることが必要になる。鍋で長時間煮る方法もあるが、ここでは蒸し煮にして、とろけるような口当たりに仕上げている。鍋で煮る場合は、煮汁が減らないよう長時間見張る必要があるが、蒸し煮にすれば、そうした手間を軽減でき、でき上がりの状態を安定させることができる。またタコは煮る前の下処理も重要。ぬかをすり込んでから霜降りにしてヌメリや臭みを取り除くのはもちろん、大根で叩いて繊維を切ってほぐし、柔らかくしておく。さらに大根と一緒に煮ると大根の消化酵素の働きでタコが一層柔らかくなる。

酒八方系

タコの下処理

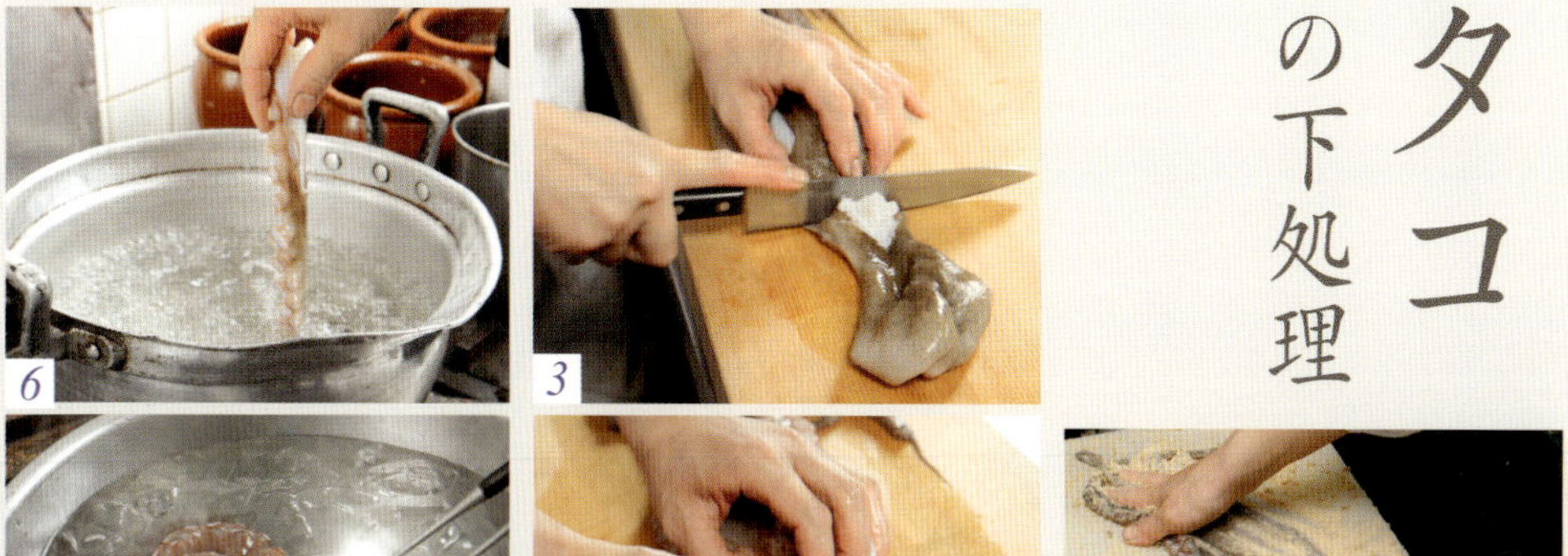

1 タコは、内臓、クチバシ、眼などを取り除いて水洗いして、米ぬかをまんべんなくまぶし、指でタコの足をしごくようにしてなじませながらぬめりをとる。2 1のタコを流水でよく水洗いする。3 まな板にタコを置き、頭と足とに切り分ける。4 足をつけ根で１本ずつに切り離す 。5 タコをまな板にのせ、足の先端を切り落とし、皮をむいた大根で、まんべんなくバンバンと叩いて繊維を切り、柔らかくする。6 沸騰した湯に、タコの足先から少しずつ入れ、先がくるんと曲がったら 、全体を湯に沈める。7 タコを霜降りして色が変わったら手早く氷水にとる。8 足の吸盤に残った汚れも丁寧に取り除き、きれいに洗う。

味噌煮

鯖《さば》の味噌煮

＊作り方は137ページ

味噌のこっくりとした味つけが魅力で、おなじみの魚の煮物だが、おいしく作るにはポイントを押さえる必要がある。サバの下処理はもちろん、煮汁の量は多すぎず少なず、落としぶたを利用して全体に火をまわす。煮過ぎると身が固くなり、パサついてしまうので、ほどよい加減を見極めることが大切である。味噌は、煮汁に先に加えると風味が飛んでしまうので、まずサバを酒で煮て、ある程度火を通してから仕上げに加えると風味よく煮上がる。

鯖の味噌煮のコツ

サバは霜降りをして(a)冷水にとり、水気ふいておく。煮汁に最初から味噌を加えると風味が飛ぶので、まず煮立てた酒にサバを入れて(b)6～7割程度火を通したら、味噌を含む残りの煮汁の材料をよく混ぜてから加え(c)、生姜の細切りを加える(d)。火加減は中弱火を保ち、経木で落としぶたをして(e)煮汁がまんべんなくまわるようにする。煮汁が煮詰まり、泡が小さくなりはじめたら、味を確認して火を止める(f)。

鯖《さば》の難波煮

＊作り方は137ページ

鯖の難波煮のコツ

a

b

c

d

e

塩サバを用いるのポイント。鍋に塩サバ、酒、昆布を合わせて火にかけ（a・b）、煮立ってきたらアクをとり（c）、コトコト炊いて塩気を出す。塩サバの塩気を計算に入れながらみりん、砂糖、濃口醤油で味を調える（d）。最後に青ねぎをたっぷりと入れ（e）、色が変わらないうちに火を止める。

〝難波〟というのは大阪の難波のことで、昔はねぎの産地として知られていたことから、ねぎと一緒に煮た料理を「難波煮」と呼ぶようになったと言われている。脂ののった塩サバの切り身を酒と昆布で煮て、塩サバの持つうま味や塩気を煮汁に引き出す。仕上げに、みりん、砂糖、醤油を補足的に加えて味を調えたら、最後に青々とした青ねぎをたっぷりと入れて仕上げる。一見地味だが、昆布と酒、塩サバの塩気とうま味が融合して、さっぱりとしながらも奥深い味わいを楽しむことができる通好みの煮物料理である。

酒八方系

酢炊き

鰺《あじ》の酢炊き

酒八方系

*作り方は138ページ

梅煮

鰯《いわし》の梅煮

酒八方系

*作り方は138ページ

鯵の酢炊きのコツ

アジやイワシなど青背の魚は特有の臭みが特徴で、臭みをうまく抜くことかおいしく煮上げるコツ。ここでは酢や梅干しを活用して臭みをとり、柔らかく煮る方法を紹介する。いずれも酸味がポイントで、脂ののった青魚もさっぱりとした味わいに。酢も梅干しも煮ている間に酸味は飛び、うま味が増す。また骨を柔らかくする効果もある。あえて醤油は少量にとどめ、塩や梅干しの塩気を生かしてすっきり炊いているのも特徴。どちらの煮物も冷めてもおいしく、暑い時季に出すと喜ばれる。

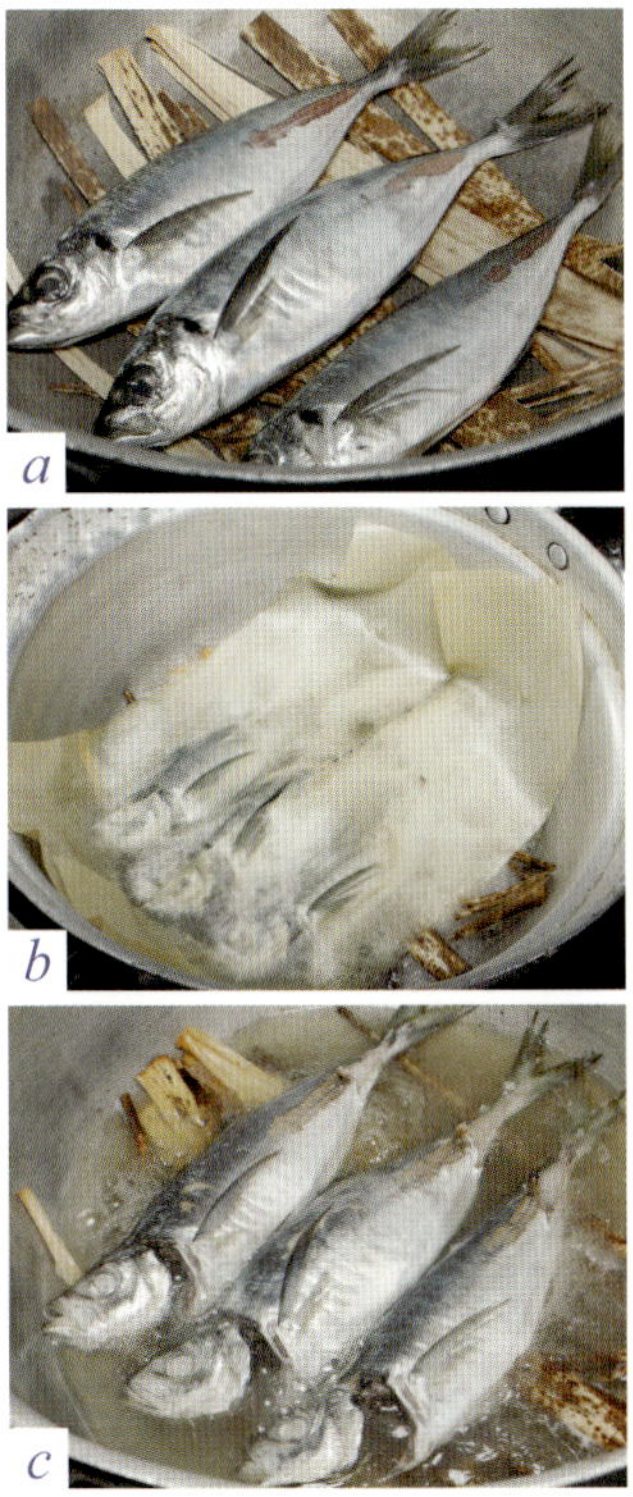

鍋には煮崩れ防止用に竹皮を敷き、アジを並べ入れる（a）。酢、酒、塩、みりん、砂糖を入れ、煮立ったら、ぬらした経木を落としぶたにし（b）、煮汁をまんべんなく行き渡らせて姿よく煮上げる（c）。最後に酢少々を好みで加えてもよい。

鰯の梅煮のコツ

梅干しは針で突いておくと味が出やすくなる（a）。鮨で水に酒、梅干しを煮立たせたら、竹皮を敷いてイワシを並べた鍋に流し入れて煮る（b）。ぬらした経木で落としぶたをして全体に煮汁を行き渡らせて煮上げる（c）。仕上げに薄口醤油少々を香りづけに落とす。

飴煮

稚鮎の飴煮

＊作り方は139ページ

「飴煮」は「甘露煮」とも言われ、アユやフナなどの川魚を甘めの煮汁で煮詰めたもの。ここでは初夏に旬を迎えるチアユを丸ごと炊く。甘露煮は魚を素焼きにしてから煮詰める場合もあるが、ここでは煮立った煮汁に生のチアユを加えて煮て、アユの香りを生かす。チアユを煮る際、一度に加えると煮汁の温度が下がり、柔らかいアユの腹が割れてしまうので、チアユは何度かに分け、手早く入れるようにする。多めに作っておき、前菜や八寸の一品として出すのもおすすめ。

酒八方系

稚鮎の飴煮のコツ

酒と濃口醤油をベースに砂糖、みりん、水飴を合わせた煮汁は中火にかけて十分に沸かして砂糖を溶かす（a）。水飴を加えるとしっとり艶やかに煮上がる。沸いた煮汁にチアユを入れる時、一気に全部を入れると煮汁の温度が下がり、腹が割れてしまう。少しずつ手早く入れて（b）煮汁の温度を保ち、チアユの表面を固めるのがコツ。途中、鍋肌についた焦げはふいておくと（c）仕上がりに雑味が出ない。煮詰める際は経木で落としぶたをして煮る（d）。完全に煮詰めるのではなく、やや汁気を残して（e）ざるにあげて冷ます（f）。

煮浸し

鮎の煮浸し

アユを香ばしく素焼きにしてから、たっぷりの煮汁で骨まで柔らかく煮たもの。中まで煮汁を含ませるのが特徴で、箸でスッと切り分けられるほど柔らかく煮上げる。まずは酒と水、番茶を一緒に入れてコトコト火にかけて骨が柔らかくなるまで下煮をする。その後、調味料を加えた煮汁でじっくり炊いて味を含める。仕上げにアユと相性の良い、たで、山椒の有馬煮を添えて供する。

酒八方系

＊作り方は139ページ

＊作り方は140ページ

土佐煮

秋刀魚《さんま》の土佐煮

サンマの切り身を酒八方系の煮汁で煮て、最後に粉ガツオをたっぷり加えもの。ポイントは煮汁をしっかりとばすこと。煮汁が残っていると、粉ガツオをまぶした時にベチャベチャしてしまうので、焦がさないよう注意しながら、汁気を飛ばすようにする。また煮ている間もサンマには触らず、鍋底をゆする程度にして、サンマが煮くずれないように気をつける。

酒八方系

＊作り方は140ページ

白煮

白魚《しらうお》の白煮

シラウオは早春に旬を迎えることから、春を告げる魚として知られる。白くて細長いシラウオの身は柔らかでクセが少ないので、多彩な料理に用いることが可能。卵とじや天ぷらなどはよく知られるが、煮ると上品でしなやかな食感に。ここではシラウオの白さを生かして醤油やみりんなどは使わず、塩と酒を基本に甘みを少し足して「白煮」に。頃合いの火加減でふっくらと炊き上げる。アクセントにピリリと辛い花山椒の佃煮を天盛りにして添える。

酒八方系

白魚の白煮のコツ

立て塩でシラウオを洗って水気をきる(a)。鍋に酒、砂糖、塩を合わせて火にかけ、鍋肌が沸々としてきたら、シラウオがくっつかないようパラパラとまわし入れる(b)。出てくるアクをとり(c)一味唐辛子をふり入れる(d)。経木で落としぶたをして(e)汁気がほとんどなくなるまで静かに煮たら、形を崩さないよう、へらなどを使ってすくい、抜き板に広げて冷ます(f)。

山椒煮

ちりめん山椒

＊作り方は141ページ

品よく炊いたチリメンジャコの食感と爽やかな辛みを放つ山椒の香りがクセになる味わい。一般的な「ちりめん山椒」のように濃口醤油やみりんは使わず、上質なチリメンジャコを酒をベースに塩と薄口醤油、砂糖少々で色をつけないよう煮ている。さらに実山椒と一緒に炊いてピリリとした風味を効かせ、ふっくら炊き上げる。ごはんにはもちろん、お茶漬けや酒の肴としても重宝する。

酒八方系

ちりめん山椒のコツ

チリメンジャコは、ものにより塩気がいろいろなので最初にぬるま湯で好みの加減に塩抜きをする(a)。チリメンジャコがあまり重ならないよう大きめの鍋を用意して煮汁を入れ、煮立ってきたらチリメンチリメンジャコをパラパラ広げ入れる(b)。実山椒を加えて(c)経木で落としぶたをして炊く(d)。途中、煮崩れ防止のため鍋を動かさないようにして汁気を少し残す程度に炊き上げる。抜き板に広げて冷ます(f)。

＊作り方は141ページ

炒り煮

北寄貝《ほっき》の炒り煮

ホッキ貝は、磯の香りを彷彿とさせる刺身も人気があるが、ここではあえて酒炒りにして素材の味を引き出す。足と呼ばれる身の部分は加熱すると先端がきれいな桜色になり、甘みが増す。加熱し過ぎると身が縮んで固くなるので、表面のみ火を通す程度を心がけるとよい。酒八方系の煮汁でホッキ貝を短時間で炒り煮にして、甘みやうま味、風味が溶け込んだ煮汁も一緒にまわしかけて供する。

酒八方系

北寄貝の炒り煮のコツ

火の通し加減がコツ。鍋に少量の酒、砂糖、塩を加えて沸かし、アルコール分を飛ばしたら強火にしてホッキ貝の足を入れる（a）。表面に火が入り、色がきれいになったら（b）素早く取り出し（c）、うま味や甘みの出た煮汁もまわしかけて供する。

煮鮑二種

煮鮑《あわび》（塩煮）

貝類の王様とも賞されるされるアワビは大変高価な食材で、刺身にすると磯の香りとコリコリとした歯応えを楽しむことができる。ここでは〝酒塩〟に昆布、大根おろしを入れ、たっぷりの煮汁で身が柔らかくなるまで蒸し煮にして、シンプルながら贅沢な一品に。蒸し煮にする際は、大根を一緒に入れるのもコツで、驚くほど身が柔らかに仕上がる。

酒八方系

＊作り方は142ページ

煮鮑《あわび》（醤油煮）

肉厚のアワビを醤油で煮上げた醤油風味の「煮鮑」。アワビを〝酒塩〞でじっくり蒸し煮にするところまでは「塩煮」と同じ。最後に醤油を加え、アワビのうま身と共に味を含ませる。身が厚いので波切りにすると、噛み切りやすく煮汁もからみやすい。ほろ苦い肝も一緒に炊いて供すると酒肴としても喜ばれる。

酒八方系

＊作り方は142ページ

煮こごりいろいろ

鯛の煮こごり

ゼラチン質が豊富なタイのアラごと煮汁で炊いたもの。煮こごりは寒天やゼラチンで寄せることもあるが、ここではタイから出るゼラチン質のみで自然な仕上がりに。とろけるような柔らかな食感を楽しむ。

＊作り方は143ページ

身巻きの鱧《はも》煮こごり

相性のよいハモとごぼうの「身巻き鱧」をハモの中骨やアラを煮出した濃厚なうま味のハモだしで寄せたもの。だしにはゼラチンを加え、薄口醤油と塩で味と香りづけし、透明感を生かして仕上げるのがポイント。

＊作り方は143ページ

鶏の煮こごり

鶏もも肉を鶏のスープと合わせて流し缶で固めたもの。うま味が凝縮した鶏スープはコラーゲンがたっぷり含まれ、プルプルとした食感。ゼラチンをほんの少し加えると、切り口も美しく見栄えがよくなる。

＊作り方は143ページ

石川芋の煮こごり

小ぶりで白くて美しい石川芋は、ねっとりした食感と味の良さで知られる。小芋はゼラチンを加えた煮汁で固めて切り分けると、断面が城の石垣のような模様になり、見た目にも美しく喜ばれる。

＊作り方は143ページ

肉の煮物

日本料理において肉の煮物料理のバリエーションは多くはないが、「豚角煮」や「合鴨ロース煮」は定番としておさえておきたい。ここでは牛肉や鶏肉を使った煮物も紹介。肉を煮る場合、脂の扱いが大切。あらかじめ皮目を焼いたり、霜降りにするなど、余分な脂やアクを取り除いて下処理をするとよい。

＊作り方は144ページ

蒸し煮

合鴨ロース煮

合鴨は、鴨とアヒルをかけ合わせたもので、合鴨の抱き身(胸肉)は一般的に合鴨ロースと呼ばれる。合鴨を調理するうえでのコツは、火を通しすぎないこと。火を通し過ぎると固くしまってしまうので、ここでは蒸し煮にしてから仕上げに煮ることで、鴨肉の持つコクと身の柔らかさを生かすようにしている。

濃口八方系

合鴨ロース煮のコツ

鴨肉をおいしく調理するには、火を入れすぎないこと。また脂部分を上手に扱うことが大切。まずは余分な脂を取り除いてから皮目から焼いて全体に焦げ目をつける(a)。熱湯で油抜きをしてから(b)鴨肉に金串で数か所刺して吊るし(c・d)、血抜きをする。容器に沸かした煮汁を張り、血抜きした合鴨を入れて蒸し器で蒸し煮にし(e・f)、取り出して串に刺して吊るして冷ます(g)。煮汁を煮詰めてアクをとり、冷ました合鴨を漬けて、味を含ませる(h)。

角煮

豚の角煮二種

豚の角煮（蒸し煮）

濃口八方系

＊作り方は144ページ

豚の角煮（直煮）

濃口八方系

＊作り方は145ページ

日本料理における肉を使った煮物料理の定番ともいえる「豚の角煮」を二種紹介する。いずれもじっくり下茹でして余分な脂を落とすまでの工程は共通。その後、一方は煮汁に入れてじっくり「蒸し煮」にして品よく仕上げる。もう一方は煮汁ごと「直煮」にし、照りよく仕上げる。同じ食材でも煮方や仕上げ方を変えることで、食感や味わいに変化を持たせることができる。

豚の角煮（直煮）のコツ

a

b

バットに煮汁と下ごしらえをした豚肉を入れて、蒸し器で柔らかくなるまで蒸し煮にしたら、容器ごと取り出して、そのまま冷まして味を含める。提供する前に温め直し、煮汁を適量かけて器に盛る。

豚の角煮（蒸し煮）のコツ

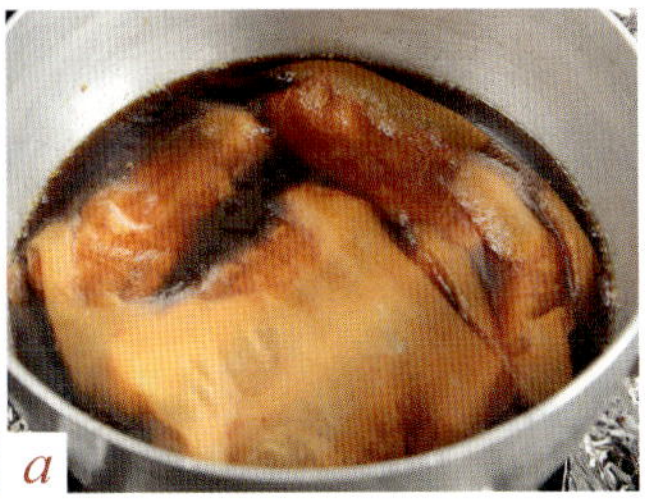
a

b

鍋に下ごしらえした豚肉と煮汁を入れて火にかけ、クッキングペーパーなどで紙ぶたをして弱火で炊いて味をしみこませる。提供前に豚の角煮を温め直し、軽く煮詰めた煮汁をかけて照りよく仕上げる。

豚の角煮の下処理

1

2

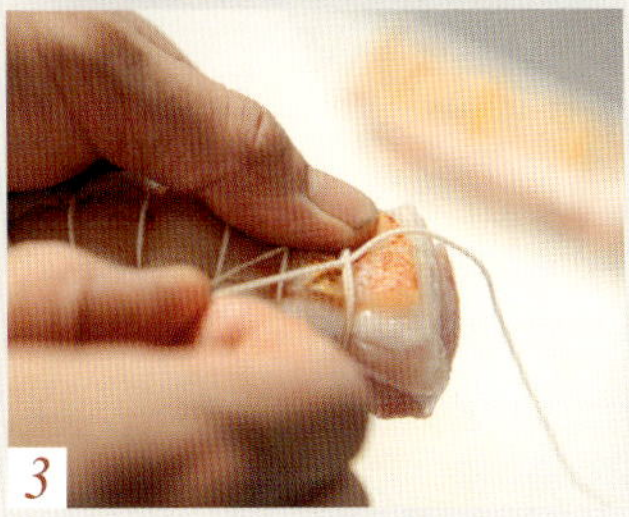
3

4

5

1 豚バラ肉はフライパンで皮目から強火で焼く。 *2* 焼き目がついたら反対側や側面も軽く焼いて形を整え、約3㎝幅に切る。 *3・4* 煮崩れを防ぐため、それぞれたこ糸で結ぶ。 *5* 大きめの鍋に米のとぎ汁、豚肉を入れて中火にかけ、沸いてきたら火を弱め、1時間〜1時間半、柔らかくなるまで茹でておく（「蒸し煮」「直煮」共通）。

治部煮

合鴨の治部《じぶ》煮

鴨の治部煮は、金沢の郷土料理として知られ、江戸時代から食されていたという。本来は真鴨を用いるが、現在は手に入りやすい合鴨で作られることが多い。作り方はシンプルで肉をそぎ切りにし、そば粉をつけて煮汁で短時間煮る。粉をつけることで、肉のうま味を閉じ込めてなめらかな食感になるうえ、味がのりやすくなり、煮汁にとろみもつけることができる。

濃口八方系

＊作り方は145ページ

合鴨の治部煮のコツ

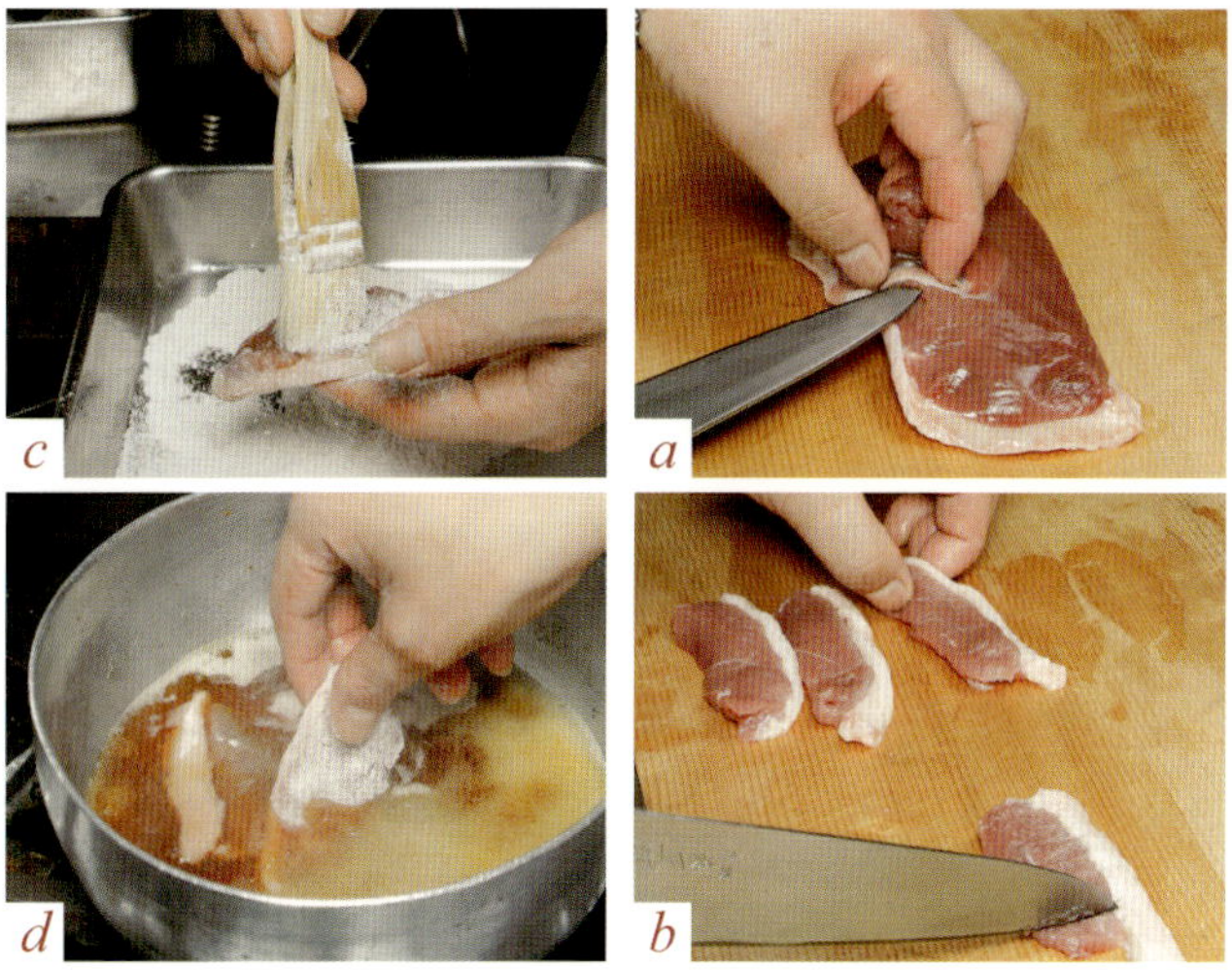

合鴨は余分な脂身やスジ部分を丁寧の切りとり（a）、そぎ切りにしたら、包丁の背で身を叩いて繊維を切っておく（b）。そぎ切りにした合鴨肉にそば粉をまぶし（c）、沸かした煮汁で固くならないようさっと炊く（d）。

◎牡蠣《かき》の治部《じぶ》煮

カキのむき身にそば粉をまぶしつけて治部煮にしたもの。そば粉の風味がポイントで、九条ねぎと生姜のすりおろしを添えて風味よく供する。合鴨や鶏肉、牛肉などで同様に作っても美味。

＊作り方は145ページ

煮物椀

鶏の沢煮椀

沢煮の〝沢〟は、沢山（たくさん）の意味で、本来は肉の脂身を塩漬け、たっぷりの細切り野菜を加えた煮物椀。ここでは鶏肉と、細切り野菜を煮て束ねた吹き流し風を盛り、品よく仕上げる。弱火でじっくり煮出した鶏スープもポイントで、さっぱりしながらもうま味とコクが堪能できる。

薄口八方系

＊作り方は146ページ

＊作り方は146ページ

時雨煮

牛肉の時雨《しぐれ》煮

時雨煮は一般的に生姜を加えた佃煮風の煮物のことを指すことが多く、貝類やマグロ、牛肉などがよく知られる。ここでは、ほどよい食感と牛肉らしい味わいが楽しめる牛肩赤身肉を角切りにして使用。煮る前に牛肉を霜降りにして臭みをとり、煮汁でさっと煮て冷ましながら、何度も煮返して味を重ねる手法で煮上げていく。

濃口八方系

筑前煮

筑前煮

元々は骨付きの鶏肉と根菜類を炒め煮にした九州の筑前地方（福岡付近）の郷土料理がベースとされる。現地では「がめ煮」の名でも親しまれており、こちらは骨付きの鶏肉を使用することが多い。下ごしらえした材料を炒め合わせてから煮汁を加え、強めの火加減で一気に煮上げることで、照りよく仕上がる。冷めてもおいしいので、弁当にも向く。

濃口八方系

＊作り方は147ページ

筑前煮の下ごしらえ

◆里芋

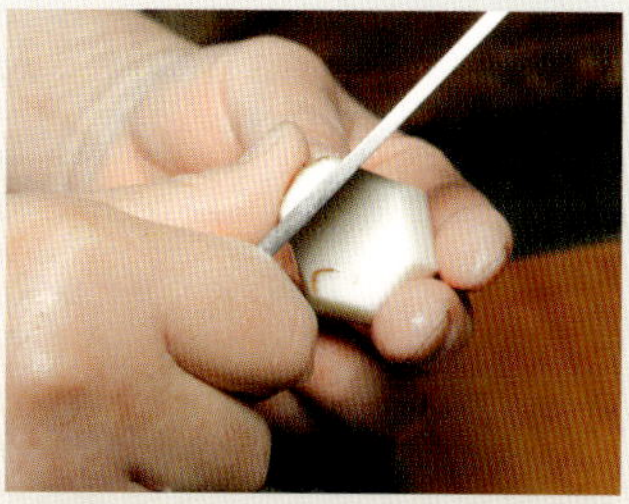

上下を水平に切り落として六方むきにし、米のとぎ汁で下茹でする。

◆こんにゃく

指を立てて適当な大きさにちぎり、熱湯で下茹でする。

◆人参

皮をかつらむきの要領でむき、回し切りにして熱湯で下茹でする。

◆鶏肉

他の具材と大きさを揃えて一口大に切る。

◆干し椎茸

できれば一晩ぬるま湯につけて戻しておく。

◆ごぼう

皮付きのまままきれいに洗い、回し切りにして米のとぎ汁で下茹でする。

ポイント

材料の丁寧な下ごしらえが大切。後は鍋で炒め合わせ、煮汁を加えて汁気が少し残る程度に煮上げる。

野菜の煮物

野菜の煮物は彩りにも優れ、季節感の演出にも欠かせない。野菜の色を引き出す〝色出し〟の手法もよく使われる。魚介や肉に比べると味わいが淡泊なため、だしや調味料でうま味を足して上手に味を含めることが大事。また野菜の旬を意識し、時期に応じた調味法や仕立て方を知り、特性に応じた下ごしらえを行うようにする。

含め煮

野菜の煮物吹き寄せ風

野菜を中心とした煮物の手法には、それぞれの食材を別に煮てから器に盛り合わせる「炊き合わせ」という方法があるが、ここでは、複数の食材に、それぞれ下ごしらえを施してから同じ煮汁でさっと炊いた〝吹き寄せ風〟の煮物を紹介する。別々に煮てから盛り合わせる「炊き合わせ」に比べて、味に一体感が出る。

濃口八方系

＊作り方は147ページ

含め煮

野菜と海老の炊き合わせ

＊作り方は148ページ

素材ごとに別々に炊いて器に盛り、薄口八方系のだしでまとめた〝炊き合わせ〟は、日本料理の煮物には欠かせない手法のひとつ。素材の持ち味を生かすよう、薄口八方系の煮汁で「含め煮」にすることが多い。炊き合わせに用いる素材は、季節や状況に応じて組み合わせを工夫するとよい。また、それぞれを生かした盛り付けも大切である。

薄口八方系

盛り付けのポイント

b

a

炊き合わせは、盛り付けも大切なポイント。
ここでは「野菜と海老の炊き合わせ」を例にポイントを紹介する。
①台になるもの（芋類）を置く。
②メイン（エビ）を手前に置く（a）。
③青み（ふき）を手前に置く。
④仕上げに季節を意識した香りのものを天盛りにする（b）。
⑤最後に煮汁をまわし入れて完成。

野菜の含め煮いろいろ

野菜や乾物の含め煮は、主役になることは少ないものの、炊き合わせや料理の彩りや味わいを高めるためには欠かせない名脇役。それぞれの個性に応じて煮汁の味付けや下処理の方法を調整することが大切である。

薄口八方系

甘め

ややや甘めの煮汁で
じんわり味を含める

高野豆腐

熱湯に浸して戻し、冷めたら手の平で挟んで絞る。水につけて再度手の平で挟んで絞り、甘めの煮汁(だし500㎖、薄口醤油35㎖、砂糖55g、水塩10㎖)適量を沸かして高野豆腐を入れ、弱火でゆっくりと味を含めていく。

粟　麩

粟麩は素揚げして、熱湯で油抜きをしてから煮汁(だし400㎖、薄口醤油36㎖、砂糖20g、水塩5㎖)適量で煮含める。

かぼちゃ

用途や好みに応じて皮をむき、甘めの煮汁(だし1ℓ、薄口醤油25㎖、砂糖55g、水塩10㎖)適量で炊いて追いガツオをする。煮過ぎると崩れるので注意。

きのこ類

きのこ類のうま味を
生かして炊く

[煮汁(割合)/共通]

だ　し	8
薄口醤油	1
みりん	1

干し椎茸

水につけて戻し、八方だしで煮含める。

しめじ

石突きを取り、八方だしで煮含める。

根菜類

味は控えめにして
素材を生かす

[煮汁(割合)/共通]

だ　し	10
薄口醤油	1
みりん	1

ごぼう

皮をきれいに洗って、米ぬかを加えた水で柔らかく茹でる。きれいに洗って好みの形に切り、煮汁(だし300㎖、薄口醤油30㎖、みりん25㎖)適量で煮含める。

にんじん

皮をむいて好みの形に切り、茹でてから煮汁(だし300㎖、薄口醤油30㎖、みりん25㎖)適量で煮含める。

筍

ごく新鮮な場合は、下処理をしてから(p.38)、だしに薄口醤油をほんの少々加えた煮汁(だし300㎖、薄口醤油30㎖)適量で炊き、追いガツオをする。筍の水煮を使う場合は、みりんや砂糖などの甘みを足すとよい。

白八方系

白さを引きたて
すっきり炊く

白　煮

か　ぶ

皮をむき、熱湯で茹でる。冷ましてから煮汁(昆布だし800mℓ、水塩55mℓ、みりん30mℓ、砂糖7g、爪昆布2g)適量で煮含める。

う　ど

食べやすい長さに切って皮を厚めにむき、酢水につけて水気をふいて煮汁((だし200mℓ、水塩15mℓ、みりん5mℓ、砂糖2g)適量で煮含める。

大　根

2㎝厚さの輪切りにして皮をむき、米のとぎ汁で柔らかくなるまで茹でる。水で洗ってから煮汁(だし500mℓ、水塩35mℓ、みりん10mℓ、砂糖5g)適量で煮含める。

蓮　根

皮をむいて適当な形に切り、酢を加えた熱湯で茹でる。煮汁(だし500mℓ、水塩15mℓ、みりん20mℓ、砂糖5g)適量で煮含める。

小　芋

皮をむいて、米のとぎ汁で柔らかくなるまで茹でて水で洗い、煮汁(だし300mℓ、水塩20mℓ、みりん5mℓ、砂糖5g)適量で煮含める。海老芋や里芋にも。

長　芋

皮をむいて米のとぎ汁で茹でる。沸騰させないよう80℃くらいで30分ほど茹でてシャキシャキ感を残すようにする。これを煮汁(だし800mℓ、水塩18mℓ、みりん少々、砂糖5g)適量で煮含める。

追いガツオで
うま味をプラス

青　み　類

[煮汁（割合）／共通]

だ　し	8
薄口醤油	1
みりん	1

いんげん

塩茹でして冷水にとり、薄口八方だし(だし8：薄口醤油1：みりん1の割合)にひたす。

青菜類

さっと塩茹でして冷水にとって水気を絞り、薄口八方だし(だし8：薄口醤油1：みりん1の割合)にひたす。小松菜、ほうれん草、芯とり菜などに。

きぬさや　　ふき

さっと塩茹でしてから、薄口八方だし(だし8：薄口醤油1：みりん1の割合)にひたす。

ブロッコリー

塩茹でして手早く冷まし、薄口八方だし(だし8：薄口醤油1：みりん1の割合)にひたしておく。

若竹煮

筍の若竹煮

薄口八方系

＊作り方は148ページ

土佐煮

筍の土佐煮

薄口八方系

＊作り方は148ページ

春を告げる野菜として知られる筍は、日本料理には欠かせない食材のひとつである。ここでは煮物料理の定番ともいえる旬の筍を新若芽と煮た「若竹煮」や、カツオ節を加えた「土佐煮」を紹介。筍にはアクがあるので調理の際には下ごしらえをきちんと行い、筍の味わいを引き出すことが大切である。

筍の下処理

1 筍は皮付きのまま穂先を斜めに切り落として水洗いする。*2* たっぷりの水に筍、米ぬかと乾燥赤唐辛子を加えて火にかけ、好みの加減に火を通したら鍋止めにする。*3* 冷めたら取り出して、皮をはがしながらきれいに洗う。*4* 竹串を使って、残った姫皮もきれいにとる。*5・6* 下処理の完了した筍を用途に応じて切り分ける。

筍の若竹煮のコツ

ワカメはあらかじめ酒を加えた熱湯に通しておき、煮上がる前に入れることがポイント。入れるタイミングが早いとワカメの色や食感が低下するので注意する。

筍の土佐煮のコツ

鍋に煮汁と下処理を行った筍を入れ、カツオ節をキッチンペーパーなどで包んだものを加えて追いガツオをして、より風味を高める。途中出るアクは取り除くこと。

野菜の田舎煮

＊作り方は149ページ

田舎煮は、その名の通り、どこか懐かしく素朴な味わいが魅力。ここでは料理屋らしく、海老芋やあわびだけなど、用いる食材も一工夫。さらに野菜の下ごしらえもきちんと手をかけて見栄えよく仕上げる。煮汁は濃口醤油、みりんや砂糖で甘辛味にするが、だしを多めに配合して上品な味つけに。煮る前に野菜には焼き目をつけて香ばしく、コクを深めるとよい。

濃口八方系

野菜の田舎煮のコツ

a

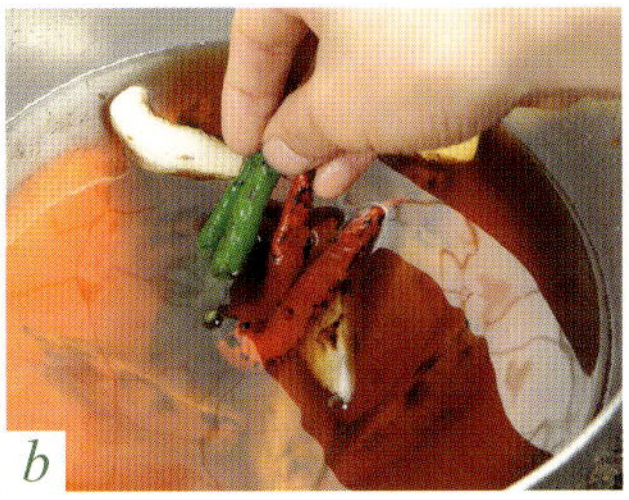
b

c

基本的には醤油やみりんをベースに甘辛の煮汁で主に野菜を煮る。ここでは野菜を下ごしらえしてから焼き目をつけ（a）、だしの効いた煮汁で焼いた野菜をさっと煮含めると（b・c）品よく仕上がる。

＊作り方は150ページ

含め煮

ふろふき大根

大根の下処理

寒さが増すにつれて甘みも増す大根は、生でもおいしいが、厚めの輪切りにして昆布だしであっさりと炊いた「ふろふき大根」は、ほっこりとした味わいが魅力。とろりと濃厚な鉄火味噌が大根のおいしさを引き立てる。ここでは大根を白く煮上げるため、下ごしらえの際、下煮した大根は水に落とさず、陸上げ(おかあげ)にして冷ますのがポイント。

白八方系

1 大根は3㎝厚さの輪切りにする。*2* 大根の皮を厚めにむく。*3* 切り口の角を細くそぐように切り落とし、面とりをする。*4* 大根の断面に十字に切り込みを入れて火の通りをよくし、味噌とのからみもよくする。*5* 米のとぎ汁に大根を入れて下茹でする。*6* 竹串が入るくらいになったら、バットなどにあげて〝おかあげ〟にする。ここがコツで、水に落とすと大根が透き通ってしまう。ここでは大根を白く仕上げたいので、この手法をとる。

翡翠煮

茄子の翡翠《ひすい》煮

薄口八方系

＊作り方は150ページ

瑠璃煮

茄子の瑠璃《るり》煮

薄口八方系

＊作り方は151ページ

茄子を用いた「翡翠煮」「瑠璃煮」は、どちらも茄子の色を生かした煮物である。皮をむいた薄緑色を生かす「翡翠煮」、皮の色をより美しく見せる「瑠璃煮」、いずれも茄子を美しく煮上げるためには煮る前に下ごしらえを施すことがポイント。暑い時季には、煮汁も冷やして供すると、口当たりもよくすっきりとして喜ばれる。

茄子の翡翠煮のコツ

b

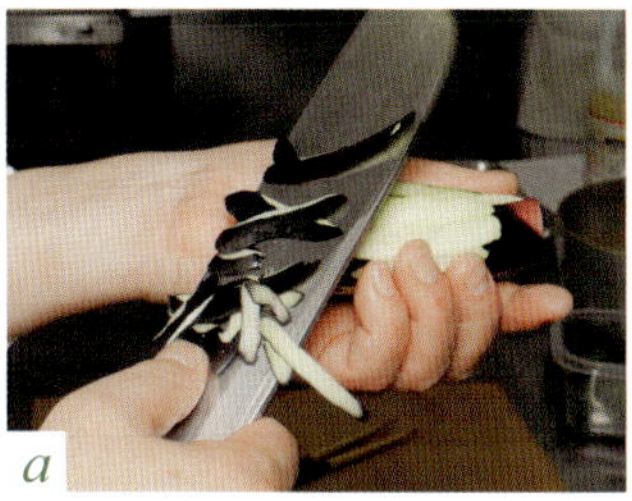
a

がく部分を残し、できるだけ薄く皮をむくのがきれいな色を出すための最初のコツ(a)。次に塩を加えた熱湯で茹でて色を出し、氷水につけて色止めをする(b)。これを煮汁で味を含めて、ざるにあげて冷ます。煮汁と一緒に供する。

茄子の瑠璃煮のコツ

b

a

茄子は塩とみょうばん水につけてから、熱湯で茹でて氷水にとり、色止めをする。これを沸かした煮汁に入れるが、このとき茄子の皮目を下にして短時間で煮るのが皮の色をきれいに煮上げるコツ。

蕗《ふき》の青煮

春の山菜らしく、ほろ苦さや特有の香りが魅力のふきをシンプルに味わう煮物。下処理をしたふきを短時間煮て冷まし、冷ました煮汁に再び漬け込み、色や食感を生かしながら味をしっかりと含ませる。仕上げにカツオ節を添えるのも定番で、苦みと旨味が調和し、味が一層深まる。ふきは時間と共にアクが強くなるので新鮮なものを使うことも大切。

薄口八方系

＊作り方は151ページ

ふきの下処理

1 まな板にふきを並べて置き、塩と重曹少々をふって手の平で転がしたら（板ずり）、しばらくおく。*2* 鍋に湯を沸かし、*1*のふきを入れて落としぶたをして１～２分茹でる。*3* すぐ氷水にとって冷ましたら、ざるにあげる。*4* 根元の方から皮をむく。*5* むいた皮で、ふき数本を束ねておく（後で煮るとき作業が行いやすい）。

蕗の青煮のコツ

煮立てた煮汁に、下処理をしたふきを入れて追いガツオをし（a）、色や食感を損なわないよう短時間で煮る。ざるにあげ、うちわなどであおいで冷ましたら（b）、冷やした煮汁につけて味を含ませる。

水晶煮

独活《うど》の水晶煮

白八方系

*作り方は152ページ

白煮

独活《うど》の白煮

白八方系

*作り方は152ページ

「白煮」と「水晶煮」いずれも、うどの白さを引き立てる煮方で、うどの下処理から下煮の段階までは共通。うどを〝白く〟仕上げると「白煮」、透明感を出して仕上げると「水晶煮」となるが、コツは最後の熱の入れ方にある。いずれも白八方系の煮汁で、色をつけないよう、上品な味わいに煮含める。

うどの下処理

1 ボウルにみょうばん水を用意しておく。*2* うどは皮をむいて適当な幅に切る。*3* 桂むきの要領で皮を筋のある部分までむき、すぐにみょうばん水にさらして2～3分おく。*4* 鍋に熱湯を沸かし、うどを入れる。*5* 落としぶたをして茹でてアクを出し、全体に火を通す（「水晶煮」「白煮」共通の工程）。

独活の水晶煮のコツ

煮汁に下処理をしたうどを入れ、追いガツオをして炊く（a）。全体に火が通ったら火を止め、そのまま鍋止めにして冷ます（b）。こうすることで、うどに透明感が出る。

独活の白煮のコツ

沸かした煮汁に下処理をしたうどを入れ（a）、さっと煮て引き上げる。うどを白く仕上げるコツは、うどを煮る時、透き通る前に手早く引き上げ、ざるにとってうちわ等であおいで冷ますと（b）、白さを残すことができる。

吉野煮

うすい豆の吉野煮

＊作り方は153ページ

吉野煮の手順には大きく分けて二つあり、ひとつは煮汁を葛粉でとろみづけするもの、もうひとつは素材に葛粉をつけてなめらかな食感に仕上げるものがある。「うすい豆の吉野煮」は前者で、色出しをしたうすい豆をとろみのある汁で品よくまとめたもの。豆の下ごしらえを丁寧に行い、見栄えよく、つややかに仕上げる。

薄口八方系

うすい豆の吉野煮のコツ

a

b

c

d

e

うすい豆の緑色を生かし、しわを寄せないように下ごしらえすることが大事。まず塩を加えた熱湯で茹でたら（a）、流水を少しずつ加えながら徐々に温度を下げて冷ます（b）。こうすることで豆の表面にしわが寄りにくくなる。薄口八方系の煮汁にうすい豆を入れ、水溶きの葛粉でとろみをつけ（c・d）、水を張ったボウルで冷ます（e）。

含め煮

鍵蕨《かぎわらび》の含ませ煮

＊作り方は153ページ

わらびの下処理

薄口八方系

わらびは春先に山野に自生する山菜の一種。先が「鍵(かぎ)」のような形をした立派なわらびは「鍵蕨(かぎわらび)」と呼んで珍重する。アクが強いので、含め煮にする前に、いかに上手にわらびのアク抜きをするかが、煮上がりにも大きな影響を及ぼす。アク抜きは重曹を用いる方法もあるが、ここでは昔ながらの木灰も用いてアクを抜く。

1 わらびの固い根元は切り落として、水洗いをして汚れなどを落とす。*2・3* バットにわらびを置き、灰(木灰)をふりかけ、手で全体にまぶす。*4* これを大きめのすり鉢に入れて落としぶたをのせて、熱々に沸かした熱湯をまわしかける。*5* 重石をおいて、ラップをかけ、ゆるやかに温度が下がるようにして一晩おく。翌日、わらびを洗って水を替えてそのまま保存する。灰をまぶしたわらびを水に浸すことで水がアルカリ性になり、わらびの細胞壁を部分的に分解し、アクが溶け出しやすくするとされている。

玉子締め

こごみの玉子締め

＊作り方は154ページ

こごみの下処理

新芽の先がくるりと巻いた様子が愛らしい〝こごみ〟は春を代表する山菜のひとつ。ここでは色や食感を生かして、ふんわりと玉子締めに。こごみは厚み半分に切り整え、灰汁と塩少々を加えて茹で、食感と色を引き出す。続いて煮汁と溶き卵をまわし入れ、さっと火を通して半熟に仕上げ、春の香りと味を封じ込める。煮汁の量、熱の通し方がポイント。

薄口八方系

1 こごみの軸は固い部分を切り落とす。*2* こごみの芽部分から包丁を寝かせて入れ、厚み半分に切る。*3* 鍋に熱湯と塩、灰汁（木灰を炊いた上澄み液）少々を加えて、こごみを入れる。*4* 落としぶたをして1～2分茹で、色を引き出す。*5•6* ざるにあげて手早く氷水に落として冷まし、水気をきる。

こごみの玉子締めのコツ

煮汁が煮立ったら（a）穴のあいた玉杓子を用いて溶き卵をまわし入れる（b）。沸いたらすぐにふたをして火を止め、余熱で玉子を半熟に仕上げる。煮汁の量は玉子がこごみにからむよう、ひたひた程度を目安にするとよい。

甘煮

花山葵《わさび》の甘煮

＊作り方は154ページ

花わさびの下処理

春が旬の花わさびは、わさびの開花前の若い花茎のことで、わさび特有の鼻に抜けるような爽快な辛味と、独特の苦味やシャキシャキとした歯ごたえが魅力。この花わさびを甘めの煮汁で煮含め、辛味と甘みのバランスを楽しんでいただく。花わさびは辛味を引き出すために、茹で時間や温度管理、もみ方など、丁寧な下処理を行うことで、山わさびの個性やおいしさを引き立てる。

薄口八方系

1 バットに花わさびを広げ、塩とみょうばんをふり、手で全体にまぶして、しばらくおく。*2* 鍋に熱湯（80℃くらい）を用意し、*1* の花わさびを茹でてアクを抜く。*3* 水にとって冷やす。*4* 水気をきってビニール袋に入れて、よく振って辛味を引き出す。*5* 袋の中に砂糖を加え、さらに袋をふってなじませ、えぐみをとる。*6* 氷水を張ったボウルに袋を入れて冷やし、好みの加減に辛味を引き出す。

甘煮

甘煮二種

蕗《ふき》の薹《とう》の甘煮

＊作り方は155ページ

蚕豆《そら》の甘煮

＊作り方は155ページ

早春を代表する山菜の蕗の薹（ふきのとう）、春先から初夏に出回る蚕豆（そらまめ）の甘煮二種を紹介する。煮る前にはそれぞれの素材の持ち味を引き出す下処理を丁寧に行うことが大切。甘い煮汁には醤油などは加えず素材の色合いを生かすようにしている。ちょっとした前菜の一品に、また酒肴や箸休めとしてお出ししても喜ばれる。

ふきのとうの下処理

1 鍋に水、やや強めに塩、ほんの少しの重曹、灰汁を入れて火にかける。*2・3* ふきのとうを入れ、落としぶたをして茹でる。長時間茹でると繊維が崩れるので注意。*4* ふきのとうをざるにあげる。*5* ざるごと素早く氷水に入れ、そのままさらして苦みをとる。これを含め煮や甘煮に用いる。甘煮にする場合はやや時間をかけてさらして苦みを穏やかにするとよい。

甘煮のコツ

「蕗の薹の甘煮」（写真左）も「蚕豆の甘煮」（写真右）も、下処理をした材料を紙ぶたをして弱火で煮て火を止め、鍋止めにして一日おいてゆっくり味を含ませる。

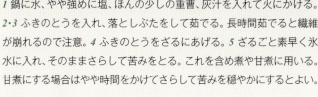

揚げ煮

湯葉のオランダ煮

＊作り方は156ページ

生湯葉を香ばしく揚げてから、薄口八方系の煮汁で煮た料理。表面は香ばしく、中はとろりとした食感の対比が楽しめる。湯葉は、汲み上げ湯葉を幾重にも重ねたものを揚げてから炊く。こうすることでコクが出て、味もしみ込みやすくなる。生湯葉の代わりに生麩を用いてもおいしくできる。また里芋や人参などと炊き合わせても美味。

薄口八方系

湯葉のオランダ煮のコツ

a

b

c

オランダ煮は、食材を油で揚げてから煮る手法。特に淡泊な野菜類や豆腐や湯葉などは、コクが加わりおいしくなる。ポイントは湯葉を油で香ばしく揚げてから（a・b）、熱湯で油抜きを行うこと（c）。余分な油分を落とすことでコクがあり、すっきりとした仕上がりに。また煮汁がしみこみやすくなる効果もある。

普茶煮

茄子の普茶《ふちゃ》煮

*作り方は156ページ

普茶料理風の茄子の煮物。普茶料理とは、江戸時代初期に中国から日本へ伝来した中国風の精進料理。植物性の油をうまく用いてコクを加えることや、しっかりとした味付けなどが特徴。油と相性のよい茄子は皮付きのまま揚げ焼きにしてから、濃いめの煮汁で炊き、色とつやを引き出す。

薄口八方系

茄子の普茶煮のコツ

茄子の火通りをよくするために金串で穴をあける（a）。やや多めの油で全体を炒め焼きにすることがコツ（b）。最初は茄子の色が熱で飛ぶが、経木をのせて（c・d）煮汁を全体にいき渡らせると色が戻り、つやが出る。茄子の表面は全体に細かいしわがよるのが理想。

煮物椀

根菜と利休麩の煮物椀

里芋や蓮根、人参などの根菜と利休麩といった植物性の素材をコクのある煮干しだしで仕立てた煮物椀。利休麩は生麩を醤油で調味してから揚げたもので肉のような食べ応えがある。しっかりとしたうま味と特有の風味が特徴である煮干しだしは、醤油や味噌などとも好相性で、一緒に用いると、うま味の相乗効果でさらにおいしさが引き立つ。

濃口八方系

＊作り方は157ページ

煮物椀

炒り米だしの精進煮物椀

米を香ばしく炒ってから昆布と一緒に煮出した"炒り米だし"を用いた煮物椀。椀種にも長芋の白煮や巻き湯葉、干し椎茸などを組み合わせた精進仕立てに。だしには塩と薄口醤油をほんの少々加えて塩気と風味を深めている。最後に吸い口として黄柚子をのせ、爽やかな香りを添える。

薄口八方系

＊作り方は157ページ

＊作り方は158ページ

利休煮

たらの芽の利休煮

春の訪れを感じさせるたらの芽と香ばしいごまの香りを加えた煮物。たらの芽のほのかな苦み、特有の香りは、ごまと合わせることで一層引き立つ。ごまを使った料理には〝利休〟の名がつけられることがあり、味噌を合わせる事も多いが、ここでは薄口八方系の煮汁で品よく仕上げている。炊き合わせの他、八寸の一品としてもよい。

薄口八方系

＊作り方は158ページ

粉ふき煮

じゃが芋の粉ふき煮

ころんと丸い新じゃがを丸ごと茹で、火にかけながらころがして水分を飛ばし〝粉がふく〟まで炒り煮にしたもの。じゃが芋は春先に出回る新じゃが芋を用いると見た目も可愛らしく、ほくほくとした味わいが楽しめる。また角がないので、まんべんなく美しい粉ふき芋に仕上げることができる。

蕗《ふき》の伽羅《きゃら》煮

＊作り方は159ページ

ほろ苦いふきの佃煮風の煮物。昔は醤油だけで煮ていたという素朴な味わいの常備菜だが、ここでは酒やみりんなども加えた甘辛い味付けにしている。煮汁をしっかり煮詰めるので日持ちするため、まとめて作っておくと使い勝手がよい。味が濃いので、ごはんのお供やお茶漬けに、酒の肴にと、様々に出番がある。ふきの他、うどで作っても美味。

蕗の伽羅煮のコツ

d

a

e

b

c

落としぶたをして、弱火でじっくり炊いて全体に味がまわるようにする(a)。また煮る時、鍋の内側についた焦げ目をこまめにふいて落とすことで(b)焦げによる苦みを防ぎ、すっきりとした味に仕上げる。途中鍋返しをして(c)全体が煮上がったら、経木をしいた抜き板を傾けて置き、ふきを広げて汁気をきる(d・e)。

当座煮

当座煮二種

蕗《ふき》の当座煮

＊作り方は159ページ

筍の有馬煮

＊作り方は160ページ

〝当座〟とは〝しばらく〟や〝当分〟といった意味で、当座煮は汁気を飛ばして煮て保存性を高めた煮物のことをいう。ここでは定番のふきに加えて、筍に有馬山椒を加えて煮たものを紹介。一般的には醤油にみりんや砂糖などを合わせて煮ることが多いが、八寸や先付けなど、献立にも組みこめるよう。煮汁にだしを配合して上品な味わいに仕立てている。お茶漬けにするのもおすすめ。

蕗の当座煮のコツ

鍋に煮汁の材料を火にかけ、沸いてきたら下処理をしたふきを加える(a)。そのまま煮て(b)、煮汁が少し残る程度まで煮詰めたら火からおろし、氷水に当てて冷ます(c)。こうすることでふきの食感や味を生かす。

ふきの下処理

ふきは、まな板の上で塩(重曹少々を加える)をふって転がして〝板ずり〟をする。そのまま少しおいてから茹で、冷水にとってざるにあげる。皮をむいて3～4㎝長さに切る。

蜜煮

青梅の蜜煮

＊作り方は160ページ

初夏になると出回る青梅で作る「青梅の蜜煮」は、梅の酸味をうまく抜き、ぷっくりつややかに蜜を含ませることがポイント。青梅を煮たシロップは暑い時季なら涼やかなシャーベットにしても喜ばれる。またシロップにブランデーを加えてもよく、また違った風味が楽しめる。献立では、八寸や食後の一品として供すると口直しにもなる。

青梅の下処理

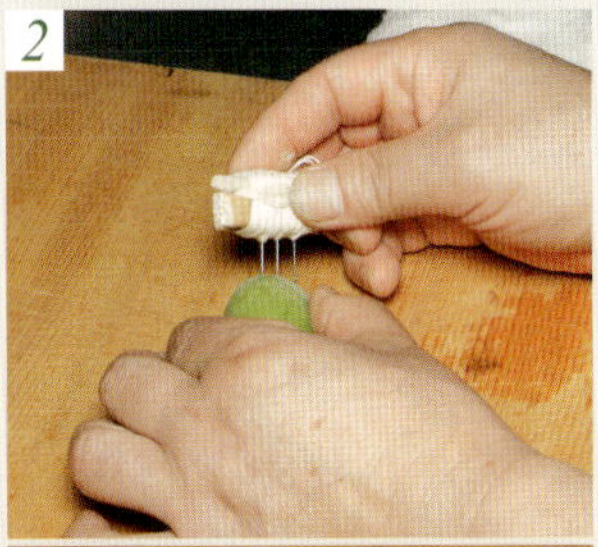

1 青梅はへたを串で軽く引っ掛けてとる。*2* 青梅の表面にまんべんなくしっかりと針打ちをする。この作業で煮ているときに実が破裂するのを防ぐ。※針打ち用の道具は割り箸で縫い針を挟んで糸でしばって固定したものを使用。*3* 塩水（10%濃度）に一晩漬け、熱湯で軽く茹でて流水にさらす。この茹でて流水にさらす工程を2～3回繰り返す。このときの茹でる→水にさらす回数で酸味の出し方を調整する。水にさらす回数が多いほど酸味は穏やかになる。

蜜煮

栗の甘露煮

豊かな山の幸を代表する栗は〝勝ち栗〟とも呼ばれ、縁起ものとして正月のお節料理では定番の一品。クチナシで美しい黄色に色づけした栗をシロップで煮含めた甘露煮は市販品もあるが、栗の風味や食感を引き立て、好みの甘さに仕上げることができるのは自家製ならでは。保存がきくので多めに作っておくと、焼き物のあしらいや、前菜などにも用いることができるので便利。

＊作り方は161ページ

蜜煮

黒豆の蜜煮

お節料理にも欠かせない黒豆蜜煮は覚えておきたい仕事のひとつ。黒豆をふっくら艶やかに仕上げるコツは、黒豆に急激な温度変化を与えないこと。強火で急激に温度を上げたり、また逆に冷やしたりすると豆が膨らんだり縮んだりして皮が破れることがある。また蜜の濃度も大切で、最初から濃い蜜に漬け込むと浸透圧で豆にしわが寄ってしまうので気をつける。仕上げに好みのブランデーやリキュールで風味づけをしてもよい。

＊作り方は161ページ

鍋物いろいろ

＊作り方は162ページ

寄せ鍋

魚介や豆腐、野菜など、多彩な材料を楽しむ贅沢な鍋物。具材はすぐに食べられるよう下ごしらえをしておく。鍋地は素材の持ち味を生かすよう薄口八方系の合わせだしで煮る。

薄口八方系

鶏の水炊き 飛鳥鍋風

"飛鳥鍋"は奈良の郷土料理のひとつで、コクのある鶏スープに牛乳を加えているのが特徴で、滋養たっぷりの鍋。骨付きの鶏肉の他、好みの具材を準備して煮る。

白八方系

＊作り方は162ページ

関西風おでん

関西風のおでんは、だしのうま味と風味がきいた薄口八方系のだしで煮るのが特徴。具は油抜きをしたり、先に下茹でしてアクや臭みを抜くなど、煮汁が濁らないよう配慮する。

薄口八方系

＊作り方は163ページ

煮物替わりの「あん仕立て」

揚げだしのみぞれあん仕立て

蒸し物やあんかけ料理は、日本料理の献立では煮物替わりとして供することもある。コクのある揚げだし豆腐をみぞれあんでさっぱり仕立てた。

薄口八方系

＊作り方は163ページ

鯛の蕪《かぶら》蒸し

すりおろしたかぶと、ふわふわのメレンゲでタイを包み、熱々に蒸し上げる。薄口八方系の合わせだしにとろみをつけてまわしかけて供する。

薄口八方系

＊作り方は164ページ

鮭と引き上げ湯葉の銀あん仕立て

柔らかに蒸したサケと湯葉に、酒と水塩で味をつけた白八方系の合わせだしで仕立てた〝銀あん〟をまわしかける。なめらかで優しい口当たりが魅力。

白八方系

＊作り方は164ページ

第三章 煮物の料理［作り方と解説］

魚介の煮物

鯛のあら炊き

カラー29ページ

■材料（１人分）

タイの頭･アラ１尾分、あら炊きの煮汁※下記全量、海老芋適量、生姜･青柚子のせん切り各少々

酒八方系
※あら炊きの煮汁
酒200mℓ、A〔砂糖15g、みりん10mℓ、醤油25mℓ〕

■作り方

1 タイの頭とアラは熱湯にくぐらせて霜降りにし、氷水にとってウロコや血合いなどをきれいに取り除く。

2 鍋に煮汁の酒と１のタイの頭を入れて強火にかけ、煮立ってきたら、海老芋と煮汁のAの調味料を順番に加えて、ぬらした経木で落としぶたをする。

3 鍋肌から小さな泡がふつふつと沸くくらいを保ちながら煮て、煮汁が少なくなってきたら、落としぶたをとる。鍋を前後に傾けながら味を全体にからめ、煮汁が少し残る程度に仕上げる。

◉覚え書き

- 仕上がりの煮汁量は、全体にからむ程度を目安に。食べるのに必要な分だけが理想。この分量の「鯛のあら炊き」なら、煮汁は大さじ１程度を目安に。

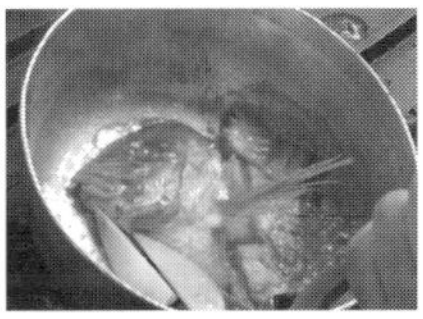

皮剥《かわはぎ》の煮つけ

カラー30ページ

■材料(作りやすい分量)

アラ適量、「白身魚の煮つけ」の煮汁※適量、いんげん含め煮・みょうがせん切り各少々

酒八方系

※「白身魚の煮つけ」の煮汁(作りやすい分量)

酒800mℓ、濃口醤油100mℓ、砂糖20g、みりん50mℓ

■作り方

1 熱湯にアラをくぐらせて霜降りにしたら、冷水にとってきれいに洗う。
この下処理が煮あがりのおいしさを左右するので丁寧に行う。

2 鍋に煮汁※をひたひたより少し少なめに合わせ入れて火にかけ、煮立ったら1のアラを入れて、ぬらした経木で落としぶたをする。

3 煮汁に生姜のせん切り入れ、経木で落としぶたをしてさっと煮ると、煮汁が対流して火が均等に通りやすくなる。また少ない煮汁で効率よく煮ることができる。

◉覚え書き

• 魚の身が柔らかい場合などは、木の落としぶたをのせると重みで身がくずれることがあるため、経木を落としぶたとして用いる。

白身魚の煮つけ

カラー30ページ

■材料(作りやすい分量)

アラ2尾、「白身魚の煮つけ」の煮汁※適量、いんげん含め煮・みょうがせん切り各少々

酒八方系

※「白身魚の煮つけ」の煮汁

酒800mℓ、濃口醤油100mℓ、砂糖20g、みりん50mℓ

■作り方

1 熱湯にアラをくぐらせて霜降りにしたら、冷水にとってきれいに洗う。
この下処理が煮上がりのおいしさを左右するので丁寧に行う。

2 鍋に煮汁※をひたひたより少し少なめに合わせ入れて火にかけ、煮立ったら1のアラを入れて、ぬらした経木で落としぶたをする。

3 煮汁に生姜のせん切り入れ、経木で落としぶたをしてさっと煮ると、煮汁が対流して火が均等に通りやすくなる。また少ない煮汁で効率よく煮ることができる。

◉覚え書き

• 魚の身が柔らかい場合などは、木の落としぶたをのせると重みで身がくずれることがあるため、経木を落としぶたとして用いる。

鯛の子の含め煮

カラー34ページ

■材料(作りやすい分量)
タイの子(真子)適量、生姜(せん切り)少々
「鯛の子の含め煮」煮汁※適量、木の芽少々

薄口八方系
※「鯛の子の含め煮」の煮汁
だし600mℓ、酒(煮きったもの)150mℓ、砂糖5g、薄口醤油37mℓ、みりん15mℓ、針生姜少々

■作り方
1 タイの子に包丁の先で切り込みを入れて開いて、食べやすい大きさに切り分ける(タイの子が小さい場合は輪切りにする)。
2 湯を沸かして1を入れ、さっと火を通したら引き上げて、冷ましておく。
3 鍋に煮汁※をひたひたより少し少なめに合わせ入れ、沸いてきたら火を弱めて2のタイの子を入れる。
4 3に針生姜を入れて弱火で静かに炊く。タイの子に火が通り、花が開くようになるまで、ゆっくり炊く。途中出てくるアクは丁寧にとる。
5 器に4のタイの子を盛り、煮汁をまわしかけ、針生姜をのせ、木の芽をあしらう。

◉覚え書き
• タイの子を炊くときは、煮汁が静かに煮立つ状態を保ち、タイの子に熱が入って、花が開いたようになるようにするとよい。火が強すぎたり、煮すぎると、タイの子が煮崩れしてしまうので注意する。

車海老の芝煮

カラー32ページ

■材料(1人分)
車エビ2尾、茄子のオランダ煮1/2本分、「車海老の芝煮」の煮汁※適量、針生姜少々

薄口八方だし系
※「車海老の芝煮」の煮汁(作りやすい分量)
だし500mℓ、酒100mℓ、薄口醤油115mℓ、みりん30mℓ、砂糖13g

■作り方
1 エビは頭と殻をつけたまま「つ」の字になるよう、つま楊枝を打つ。
2 鍋に煮汁※をひたひたより少し少なめに合わせ入れて火にかけ、煮立ってきたら1のエビを入れる。時々鍋を傾けながらまんべんなく煮汁がまわるようにする。炊きあがってからエビの頭と尾を残して殻をむく。
3 器に2のエビと茄子を盛り、針生姜を添える。

◉覚え書き
• 茄子のオランダ煮／茄子に竹串などで穴をあけてから素揚げし、熱湯で油抜きして濃口八方だしで煮含め、食べやすい幅に切ったもの。煮物の量が少ない場合は、茄子は素揚げにして、海老と同じタイミングで煮汁に入れてさっと炊いてもよい。

身巻き穴子の煮こごり射込み

カラー36ページ

■材料(作りやすい分量)

アナゴ(中)適量、「煮穴子」の煮汁(P.132)適量、大根(筒状に抜いたもの)適量、白髪ねぎ少々

■作り方

1 活けの小ぶりアナゴを用意し、ひもで頭の付け根を結んで吊るし、包丁で骨と身を少しずつ切り離しながら、身が表になるよう裏返して筒状にする(a)。

2 適当な幅に切り分けて(b)、大根を筒状に抜いたものを射込み(c)、熱湯で霜降りにする(d)。

3 2を「煮穴子の煮汁(右記参照)」で15分程度煮て、取り出し、冷ましてから大根を抜き出す。

4 3の芯にアナゴの煮こごりを射込んで冷やす。器に盛り、白髪ねぎを天盛りにする。

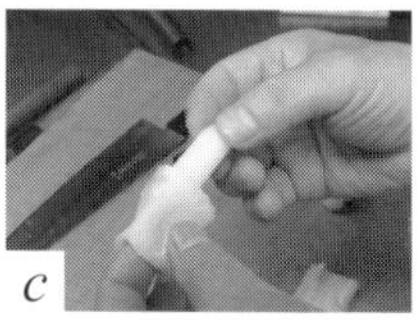
c

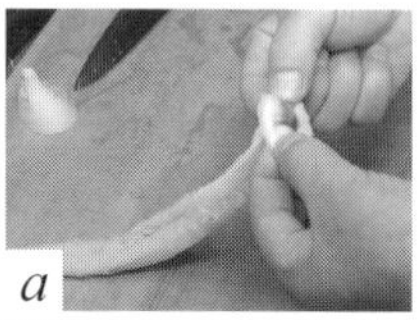
a

d

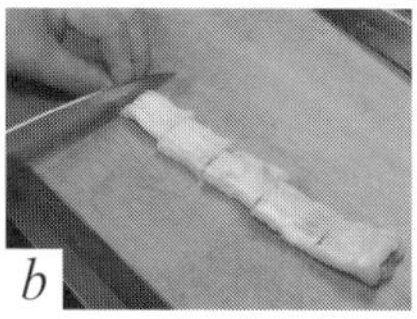
b

◉覚え書き

・アナゴの煮こごり/「煮穴子」の煮汁(右記参照)を冷やしてゼリー状にしたもの。固さが足りない場合は、煮汁にゼラチンを煮溶かして固めてもよい。

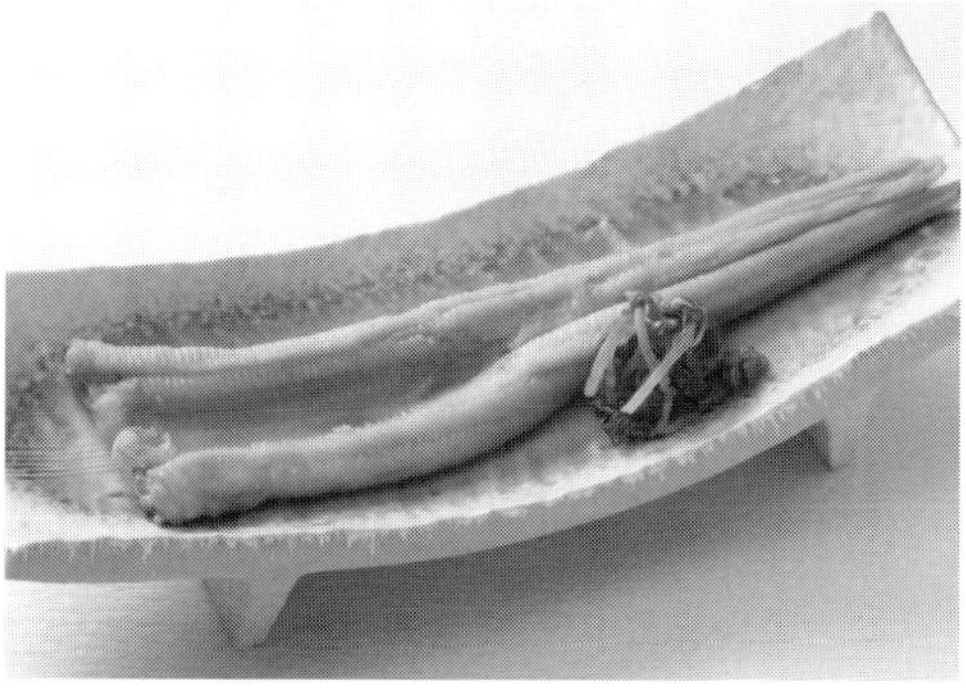

煮穴子

カラー36ページ

■材料(作りやすい分量)

アナゴ(下処理したもの)適量、「煮穴子」の煮汁※適量、三つ葉適量

> 酒八方系
> ※「煮穴子」の煮汁(作りやすい分量)
> 酒1升、濃口醤油100mℓ、薄口醤油100mℓ、砂糖80g、みりん80mℓ

■作り方(作りやすい分量)

1 アナゴは身が柔らかいので鍋に煮ざるをしいて煮汁※適量を入れて火にかける。煮立ってきたらアナゴの身を上にして入れる(煮汁はアナゴが浸る程度を目安にする)。

2 経木をぬらして落としぶたをして、そのまま15分程度静かに煮る。

3 アナゴが煮えたら、煮ざるごと引き上げる。

4 斜めに少し傾けて置いた抜き板に煮アナゴを広げて冷ます。

5 器に4のアナゴを盛り、三つ葉のお浸しを添える。

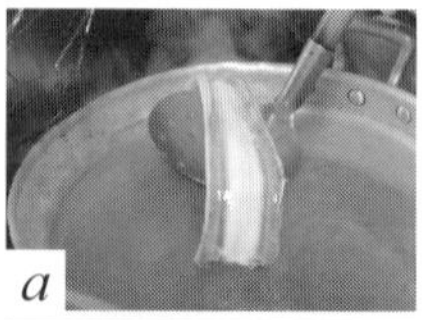
a

b

c

◉覚え書き

・アナゴの下処理について/アナゴは活けのものを用意し、目打ちをして背開きにする。中骨や背ビレを切り離し、熱湯をまわしかける(a)。すぐに冷水にとり(b)、皮のぬめりをきれいにこそげ取りながら洗い流す(c)。

黄身煮 二種

鮎魚女《あいなめ》の黄身煮

カラー38ページ

■材料（作りやすい分量）

アイナメ（切り身）3切れ（50g）、薄力粉少々
タピオカ粉（または浮き粉）適量、卵黄適量、「鮎魚女の黄身煮」の煮汁※適量、きぬさや・有馬山椒各少々

白八方系
※「鮎魚女の黄身煮」の煮汁（作りやすい分量）
だし300mℓ、水塩50mℓ、みりん30mℓ、砂糖2g

■作り方

1 アイナメは、骨抜き（または骨切りをして）一口大に切って熱湯で霜降りにする。
2 Aの卵黄とタピオカ粉を合わせて黄身煮の衣を作る。
3 1のアイナメに薄力粉をまぶし、2の黄身煮の衣にくぐらせる。
4 鍋に煮汁※適量を合わせて入れて火にかける。沸いたら、3のアイナメを入れて、さっと煮て火を通す。器に盛って煮汁を張り、きぬさや（塩茹でしたもの）、有馬山椒を添える。

鱧《はも》の黄身煮

カラー38ページ

■材料（作りやすい分量）

ハモ（おろし身）適量、葛粉少々、衣〔卵黄2個分、片栗粉（またはタピオカ粉）適量〕、「鱧の黄身煮」の煮汁※下記全量、花丸胡瓜（小口切り）少々

白八方系
※「鱧の黄身煮」の煮汁（作りやすい分量）
だし300mℓ、水塩50mℓ、みりん30mℓ、砂糖2g

■作り方

1 ハモのおろし身は骨切りをして、食べやすい幅に切り分け、刷毛で葛粉をまぶす。
2 卵黄を溶いて、片栗粉（またはタピオカ粉）を加えてよく混ぜる。
3 1のハモに葛粉をはたいて、2をつける。
4 鍋に煮汁※適量を入れて火にかけ、沸いてきたら3をそっと入れて火を通し、ふんわりしてきたら引き上げ、器に煮汁適量と共に盛る。花丸胡瓜を天盛りにする。

鯛の卵の花煮

カラー42ページ

■材料（2人分）

マダイ（切り身）2切れ、酒少々、葛粉適量、おから適量、卵黄適量、「鯛の卵の花煮」の煮汁※適量、木の芽・花びらラディッシュ各少々

白八方系

※「鯛の卵の花煮」の煮汁（作りやすい分量）

だし300mℓ、酒60mℓ、みりん15mℓ、砂糖約10g、水塩2.5mℓ、水溶き片栗粉少々

■作り方

1 タイの切り身は皮付きのものを用意し、塩をふってしばらくおいてから、熱湯で霜降りにする。

2 1のタイに刷毛で葛粉をまぶす。

3 卵黄とおからを同割程度に合わせて衣をつくる。

4 2に3をくぐらせる。

5 鍋に煮汁※をひたひたより少し多めに合わせて火にかけ、沸いてきたら4を入れて静かに煮る。

6 タイに火が通ったら、火を止めて取り出し、器に盛る。

7 残りの煮汁を火にかけ、水溶き葛粉を加えて薄くとろみをつけ、6にまわしかける。木の芽とラディッシュを天盛りにする。

◉覚え書き

• おからは〝水ごし〟したものを使うと臭みもなく口当たりがなめらかに。〝水ごし〟の方法は、おからを裏ごし器に入れ水をはったボウルにつけてこし、おからのまじった白い水をふきんを敷いたザルにあけ、水けを絞る。

帆立《ほたて》の山吹煮

カラー40ページ

■材料（作りやすい分量）

ホタテ貝柱（刺身用）適量、卵黄適量、卵白適量、葛粉適量、「帆立の山吹煮」の煮汁※適量、木の芽少々

白八方系（作りやすい分量）

※「帆立の山吹煮」の煮汁

だし300mℓ、水塩50mℓ、みりん30mℓ、砂糖2g

■作り方

1 ホタテは厚み半分程度まで切り込みを入れて玉酒（分量外）で洗い、熱湯で霜降りにして、花が開いたようになったら取り出して水気をふく。

2 蒸してから粗く刻んだ卵白と卵黄（同割程度）を溶いて合わせて衣をつくる。

3 1のホタテに葛粉をまぶし、2をつける。

4 鍋に煮汁を入れて火にかけ、沸いてきたら3の花開いた方を上にして入れる。

5 4の表面が固まったら取り出して、煮汁適量と共に器に盛り、木の芽を天盛りにする。

◉覚え書き

• 煮過ぎると固くなってしまうので、衣にほどよく火が入り、柔らかな状態を見極め、タイミングよく煮上げる。

烏賊《いか》の印籠煮《いんろうに》

カラー46ページ

■材料（作りやすい分量）

スルメイカ（またはヤリイカ）適量、具〔木綿豆腐2/3丁、サラダ油少々、人参・きくらげ各適量、卵５個、醤油・みりん・塩各少々〕、「烏賊の印籠煮」の煮汁※適量、おろし生姜、いんげん各適量

酒八方系

※「烏賊の印籠煮」の煮汁（作りやすい分量）

だし350㎖、塩小さじ1/2、酒50㎖、
薄口醤油小さじ１と1/2、砂糖10g

■作り方

1 イカの下処理をする。胴に指を入れ、軟骨を抜き取り、内側を水洗いする。足、ワタ、口、目を切り取る。
2 下処理をしたイカの胴を熱湯で霜降りにする。
3 具を作る。人参ときくらげは細切りにして薄口八方だし（Ｐ.22）適量（分量外）で下煮して汁気をきる。
4 鍋にサラダ油を熱し、木綿豆腐をちぎり入れて炒めて水分を飛ばしたら、3を加えて炒め合わせ、溶き卵で半熟状にとじる。
5 イカの内側に片栗粉をつけて4の具を八分目程度詰め入れたら、つま楊枝で口を閉じる
6 鍋に煮汁※をひたひたより少し多めに合わせて火にかけ、沸いてきたら5を入れ身がふっくらするまでさっと煮る。
7 イカを食べやすい幅に切り分けて器に盛る。
8 6の煮汁に水溶きの葛粉で薄くとろみをつけ、7にかける。おろし生姜といんげんを天盛りにする。

◉覚え書き

• イカを短時間で煮る際、煮汁に甘みを加えたい場合。みりんを加えると身がしまるので、砂糖を加える。

虎魚《おこぜ》の吉野煮

カラー44ページ

■材料（作りやすい分量）

オコゼ１尾、水塩少々、葛粉適量、「虎魚の吉野煮」の煮汁※適量、菜の花含め煮・松葉柚子各適宜

酒八方系

※「虎魚の吉野煮」の煮汁（作りやすい分量）

酒200㎖、砂糖少々、みりん15㎖、薄口醤油10㎖

■作り方

1 オコゼの下処理をする。オコゼは背ビレに毒があるので、左右からＶ字に深く切り込みを入れてヒレの根元から切りとる。この時、ヒレに触れないよう注意をする。
2 頭を切り落として梨割りにする。内臓をはずして、上身を中骨ごと切り離しておろし身にする。内臓は別にとっておく。
3 鍋に水と水塩少々を入れて沸かし、2の内臓を入れて霜降りにしてぬめりや臭みを取り除く。すぐに氷水に落として冷ます。
4 2のおろし身を切り整えて、身に細かく深く切り込みを入れ、骨切りをする。
5 4のオコゼに刷毛で葛粉をつける。
6 鍋に煮汁※をひたひたより少し多めに合わせ入れて火にかけ、アルコール分を飛ばす。火を入れたらすぐに火を止める。
7 5を再度火にかけ、煮立ってきたら4のオコゼと3の内臓類を入れて火を通す。表面がぷっくりとして火が通ったら、取り出して器に盛る。
8 7の煮汁を煮たて、水溶きの葛粉でうすくとろみをつけて7にかける。菜の花含め煮を添え、松葉柚子をあしらう。

蛸の柔らか煮

カラー50ページ

■材料(作りやすい分量)
活けのマダコ1ぱい、大根1本、「蛸の柔らか煮」の煮汁※下記全量、針柚子少々

濃口八方系
※「蛸の柔らか煮」の煮汁
だし800mℓ、酒600mℓ、濃口醤油200mℓ、
みりん50mℓ、砂糖20g

■作り方
1 タコは下処理をする(P.51参照)。米ぬかをまんべんなくまぶして指でタコの足をしごくようにしてなじませながらぬめりをとり、きれいに水洗いして頭と足とに切り分け 、足のつけ根で切る 。
2 大根は2cm幅の輪切りにして皮を厚めにむく。
3 1のタコをまな板にのせ、足の先端を切り落とし、タコを叩くために皮をむいた大根(分量外)で、まんべんなくバンバンと叩いて繊維を切り、柔らかくする。
4 沸騰した湯にタコの足先から少しずつ入れ、先がくるんと曲がったら 、全体を湯に沈めて霜降りして氷水にとり、吸盤に残った汚れもきれいに洗う。
5 鍋にたっぷりの煮汁※を合わせて火にかけ、沸いてきたらアクをとる。3のタコと2の大根を入れ、容器に移してラップをかけて蒸気が上がった蒸し器に入れる 。柔らかくなるまで2~3時間煮る。蒸し器から容器ごと出して、そのまま冷ます。
6 提供する際にタコを温め、まな板にタコの皮が痛まないようラップをしいてのせ、食べやすい幅に切る。大根と一緒に器に盛り、針柚子を添える。

伊勢海老の具足煮

カラー48ページ

■材料(作りやすい分量)
伊勢海老(活け)1尾、「伊勢海老の具足煮」の煮汁※下記全量、木の芽少々

酒八方系
※「伊勢海老の具足煮」の煮汁
酒300mℓ、濃口醤油22.5mℓ、みりん22.5mℓ、
砂糖10g

■作り方
1 活けの伊勢エビは、氷水に30分間程度つけて締め、足やひげは折らないように注意しながら縦半分に切る。背ワタや砂袋は取り除いておく。
2 1の伊勢エビは、ミソをつけたまま穴杓子にのせて熱湯に沈めて霜降りにしたら、氷水にとり、水気を丁寧にふきとる
3 鍋に煮汁※を合わせて火にかけ、煮立ってきたら2を入れて落としぶたをする。
4 強火にして伊勢エビの殻が鮮やかな紅色になるまで短時間煮て煮上げる。
5 器に4を盛り、木の芽を天盛りにする。

◉覚え書き
• 伊勢エビは短時間で煮ることがコツ。火の通し過ぎは禁物。表面だけに火を通し、中は生の状態で火を止める。殻がはずれればよい。

鯖の難波煮

カラー54ページ

■材料（作りやすい分量）

塩サバ（切り身）適量、「鯖の難波煮」の煮汁※適量、長ねぎ（青い部分）適量、白髪ねぎ少々

酒八方系
※「鯖の難波煮」の煮汁（作りやすい分量）
酒200mℓ、水200mℓ、昆布少々、みりん小さじ1/2、砂糖小さじ1/2、濃口醤油小さじ1/2

■作り方

1 鍋に塩サバ、煮汁※の酒・水（ひたひたより少し多め）、昆布各適量を合わせて火にかけ、煮立ってきたらアクをとる。

2 1を中火で炊いてサバの塩気を引き出す。塩サバの塩気を計算に入れながら、煮汁のみりん、砂糖、濃口醤油で味を調える。

3 最後にねぎをたっぷりと入れ、色が変わらないうちに火を止める。器に盛り、煮汁もまわし入れる。白髪ねぎを天盛りにする。

鯖《さば》の味噌煮

カラー52ページ

■材料（作りやすい分量）

サバ適量、「鯖の味噌煮」の煮汁※適量、生姜のけん少々

※「鯖の味噌煮」の煮汁（作りやすい分量）
酒300mℓ、砂糖30g、みりん40mℓ、
濃口醤油大さじ1、田舎味噌100g

■作り方

1 サバは下処理をしてから熱湯で霜降りをして冷水にとり、水気をふいておく。

2 鍋に煮汁※適量の酒（ひたひたより少し多め）とサバを入れて火にかける。サバに6～7割火が入ったら、残りの煮汁を泡立て器で溶いて混ぜて加える。

3 生姜のせん切りを加えたら、経木で落としぶたをして中弱火で10分程度煮て、煮汁を全体にまわす。

4 煮詰まって泡が細かくなってきたら、味をみる。必要であれば、味を調えて火を止めて器に盛り、生姜のけんを添える。

◉覚え書き

• サバの下処理／サバは頭を切り落として三枚におろし、肚骨をすき取る（a）。残った小骨は骨抜きで丁寧に抜いておく（b）。食べやすい大きさにの切り身にする。火の通りがよくなるよう、皮目に切り込みを何本か入れておく。

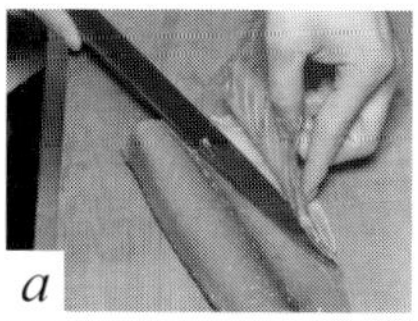
a

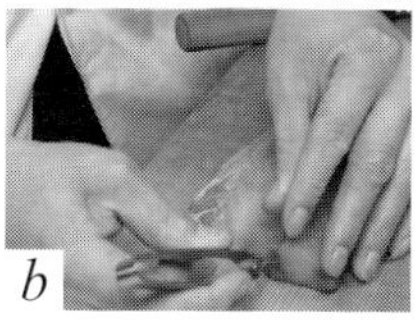
b

鰯《いわし》の梅煮

カラー56ページ

■材料（作りやすい分量）

イワシ適量、「鰯の梅煮」の煮汁※下記適量、はす芋の含め煮適量

酒八方系

※「鰯の梅煮」の煮汁（作りやすい分量）

酒300mℓ、水500mℓ、梅干し（塩分10％）6～8個

■作り方

1 イワシの内臓はとらずに水洗いをする（煮崩れするので）。

2 梅干しの表面を針でついておく。

3 鍋に竹皮を割いて敷き、1のイワシを重ならないよう並べ置く。

4 3に煮汁※適量を梅干しごと加えて火にかける。経木で落としぶたをして中火で煮て火を通す。

5 仕上げに薄口醤油を香りづけ程度に落とし、器に盛り、梅干しとはす芋の含め煮を添える。

◉覚え書き

• 梅干しはものによって塩分や味も異なるので、味見をしてから加える。梅干しの塩分によって、必要であれば塩を加える。

鯵《あじ》の酢炊き

カラー56ページ

■材料（作りやすい分量）

アジ２尾、「鯵の酢炊き」の煮汁※下記全量、スナップえんどう·木の芽各少々

酒八方系

※「鯵の酢炊き」の煮汁（作りやすい分量）

酢50mℓ、酒700mℓ、水塩40mℓ、みりん35mℓ、砂糖10g

■作り方

1 アジは水洗いをして、ゼイゴ部分を切り取り、エラもはずす。

2 鍋に竹皮を割いて敷いて1のアジを並べ入れ、煮汁※適量を合わせて火にかけ、経木で落としぶたをする。

3 中火で煮て、煮汁が半分程度になるまで煮て火を通したら、味をみて必要であれば醤油少々を加えて風味をプラスする。

4 火を止めて、アジを器に盛り、スナップえんどう（薄口八方だしで煮含めたもの）、スナップえんどう、木の芽を得添える。

◉覚え書き

• 仕上げに好みを酢少々加えると、酢の風味がプラスされ、さらにさっぱりとする。

• 夏場なら、醤油は無しにするのもおすすめ。すっきりとした仕上がりになる。

鮎の煮浸し

カラー60ページ

■材料(作りやすい分量)

アユ約30～40尾、水・酒(下煮用)各適量、「鮎の煮浸し」の煮汁※下記全量、炒りたで・有馬山椒各少々

酒八方系

※「鮎の煮浸し」の煮汁

水2.5升、酒900mℓ、濃口醤油45mℓ、薄口醤油45mℓ、みりん15mℓ、砂糖15g

■作り方

1 アユは水洗いをして素焼きにして一晩おく。

2 大きめの鍋に煮ざるか竹皮を敷いて、1のアユを並べ入れて落としぶたをして、上に重石をのせてアユを固定する。

3 2の鍋肌から水(水の半量を酒にしてもよい)をたっぷり注ぎ入れ、ほうじ茶のティーバッグを加えて火にかけ、骨まで柔らかくなるまで弱火で5～6時間煮る。

4 3のアユが冷めてから煮ざるごと取り出して流水に落として洗い、引き上げて水気をきる。

5 鍋に煮ざるを敷いて、4のアユをきれいに並べ、煮汁※の水と酒を入れ、半量程度になったら、残りの煮汁の材料を加えて弱火でコトコト半日程度かけて炊く。煮汁がほどよい味になったら火を止める。

6 器に5を盛り、炒ったたでの葉、有馬山椒を添える。

◉覚え書き

- アユを鍋に並べ置く際、アユの重みで煮崩れしないよう、二段以下で重ね置く。

稚鮎の飴煮

カラー58ページ

■材料(作りやすい分量)

チアユ400～500g、「稚鮎の飴煮」の煮汁※下記全量、青山椒

酒八方系

※「稚鮎の飴煮」の煮汁

酒600mℓ、濃口醤油600mℓ、砂糖300g、みりん300mℓ、水飴300g

■作り方

1 大きめの鍋に煮汁の材料を合わせて中火にかけ、十分に沸かして煮汁が半量くらいになるまで煮詰める。

2 沸いた煮汁にチアユを入れる。この時、一気に全部を入れると煮汁の温度が下がり、腹が割れてしまう。少しずつ手早く入れて(b)煮汁の温度を保ち、チアユの表面を固める。

3 経木を落としぶたにして煮詰めていく。途中、鍋肌についた焦げはふいておく(仕上がりに雑味が出ない)。

4 煮汁を少し残した状態まで炊いたら火を止め、ざるにあげて冷ます。

◉覚え書き

- 一般的に飴煮や甘露煮にする場合は、素焼きをしてから炊くが、ここではアユの香りを生かしたいので、生のまま炊いている。ただし生の状態から炊くのはコツが必要。煮汁に生の状態で加える際、一度に入れると煮汁の温度が下がり、アユの腹が割れてしまうことがあるので、少しずつ加えて温度を保つようにすることが大切。

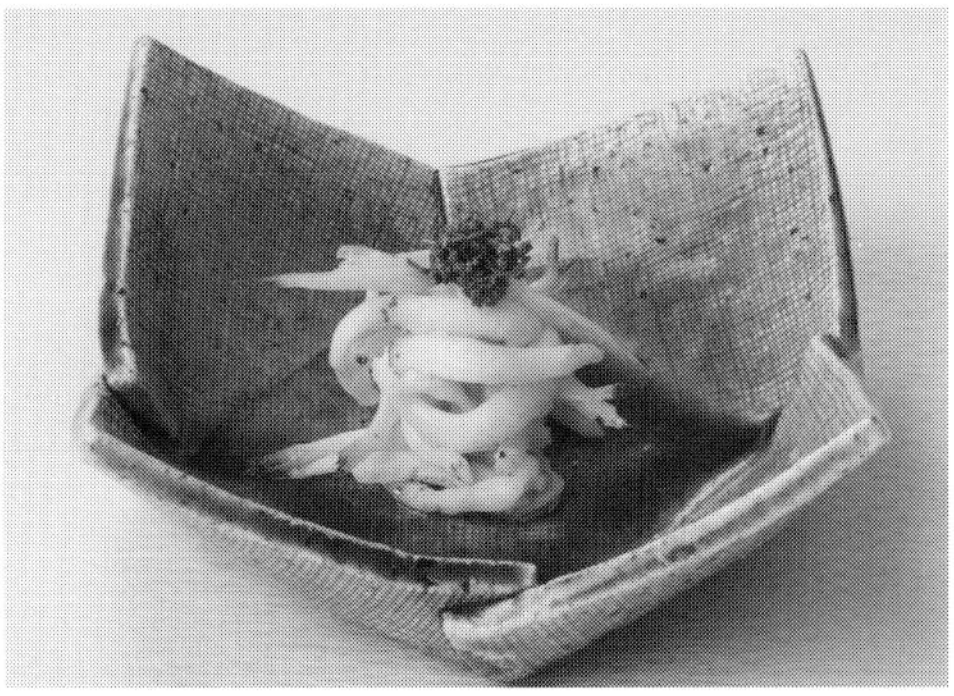

白魚《しらうお》の白煮

カラー62ページ

■材料（作りやすい分量）
シラウオ適量、「白魚の白煮」の煮汁※適量

酒八方系
※「白魚の白煮」の煮汁（作りやすい分量）
酒700mℓ、みりん少々、砂糖30g、水塩35mℓ、一味唐辛子少々、花山椒の佃煮適宜

■作り方
1 立て塩を入れたボウルにシラウオを入れ、やさしく洗い、水気をきる。
2 大きめの鍋に煮汁※適量を合わせ入れて火にかけ、鍋肌のあたりが沸々としてきたら、1のシラウオをパラパラと鍋肌に沿って入れる。
3 2が沸いてきたら、出てくるアクを何度か取り除き、一味唐辛子をふり入れる。
4 3の鍋に、経木を落としぶたとしてのせて、静かに沸騰させながら煮る。
5 汁気がほとんどなくなるまで煮たら、形をくずさないよう、へらなどを使ってすくい、抜き板に広げて汁を切ると共に冷ます。
6 器に5を盛り、花山椒の佃煮を天盛りにする。

◉覚え書き
- シラウオを煮汁に入れる際、鍋肌の沸々としたあたりにそってパラパラと入れると、シラウオ同士がつきにくく、きれいに煮上がる。
- シラウオは身が柔らかいので、強く沸騰させると身がくずれてしまうため、強すぎず、弱すぎずを保ち、火加減に注意する。

秋刀魚《さんま》の土佐煮

カラー61ページ

■材料（作りやすい分量）
サンマ３尾、「秋刀魚の土佐煮」の煮汁※下記全量、粉カツオ節適量

濃口八方系
※「秋刀魚の土佐煮」の煮汁（作りやすい分量）
酒100mℓ、濃口醤油50mℓ、みりん25mℓ、砂糖10g

■作り方
1 サンマは、三枚におろして２㎝幅程度に切って霜降りし、水気をふいておく。
2 煮汁※適量を合わせて火にかけ、沸いてきたらサンマを入れて中弱火にし、ぬらした経木をのせて静かに炊く。
3 少しずつ煮詰めていき、煮汁がほとんどなくなるまで煮たら、粉ガツオをたっぷり加えてまぶす。

◉覚え書き
- 粉ガツオ／カツオの削り節を炒り、手でもんで粉状にしたもの。
- 最後の煮汁が多すぎると、粉ガツオをまぶした時に、ベチャベチャしてしまうので、煮汁は焦がさないよう注意しながら、できるだけきっちり煮詰めることがポイント。
- サンマが崩れてしまうので、煮ている間も鍋底をゆする程度にし、できるだけさわらないよう気をつける。

北寄貝《ほっき》の炒り煮

カラー66ページ

■材料(作りやすい分量)
ホッキ貝(生)適量、「北寄貝の炒り煮」の煮汁※下記全量、貝割れ菜

※「北寄貝の炒り煮」の煮汁
酒50mℓ、砂糖小さじ1/2、水塩少々

■作り方
1 ホッキ貝の下処理をする。ホッキ貝の殻を貝開けでこじ開け、貝柱を切り離して身をまるごと取り出す。
2 1の身から水管、ヒミ部分を切り離したら、足部分に包丁で切れ目を入れて開き、中の内臓を取り出し、きれいに水洗いをして水気をふく。
3 鍋に煮汁※を少なめに合わせて火にかけ、煮立ってきたらアルコール分を飛ばす。
4 3の鍋に2のホッキ貝の身を入れ、強火でさっと炒め煮にする。ホッキ貝の色が変わってきたら素早く火を止める。
5 器に4を煮汁ごと入れて盛り、貝割れ菜を天盛りにする。

ちりめん山椒

カラー64ページ

■材料(作りやすい分量)
チリメンジャコ250g、「ちりめん山椒」の煮汁※下記全量、実山椒(アク抜きしたもの:P.160)40g、有馬山椒少々

酒八方系
※ちりめん山椒の煮汁
酒700mℓ、薄口醤油4.5mℓ、塩40g、みりん35mℓ、砂糖10g

■作り方
1 チリメンジャコはぬるま湯に30分程度つけて、塩抜きをする。
2 大きめの鍋を用意し、煮汁※を合わせ入れて火にかける。煮立ってきたら1のチリメンジャコをぱらぱらと広げながら入れたら、経木をのせて落としぶたにする。
3 煮汁が少なくなるまで中火で炊く。
4 煮上がったら、抜き板の上に広げて汁気を飛ばす。長期保存したい場合は、盆ざるに広げて好みの加減に風干しする(あまり乾燥しすぎないよう注意)。

◉覚え書き
- チリメンジャコの白い色を生かすため、醤油はあまり加えない。
- 魚の形が崩れないよう、煮ているときは、できるだけ鍋を動かさないようにして、さわらない。
- 塩の使い方に注意をする。チリメンジャコに元々含まれている塩気を確認して、調味を加減する。

煮鮑《あわび》（醤油煮）

カラー69ページ

■材料（作りやすい分量）
活けのアワビ（塩煮）適量、「煮鮑（醤油煮）」の煮汁※適量、青柚子少々

酒八方系
※「煮鮑」（醤油煮）の煮汁（割合）
酒8：みりん（砂糖少々を配合したもの）1：濃口醤油1

■作り方
1 アワビの下処理をする（「煮鮑（塩煮）」を参照）。
2 容器に昆布を敷いて1のアワビをのせ、酒、水塩、大根おろしをひたひたに加えて、ラップをかける。
3 蒸気の上がった蒸し器に2を入れて、1時間程度アワビが柔らかくなるまで蒸し煮にしたら、取り出してそのまま冷ます。
4 鍋に煮汁※を漉し入れて火にかけ、濃口醤油少々落として味を調える。
5 3のアワビの身を波切りにして、肝と共に器に盛る。4の煮汁をかけて青柚子のせん切りを天盛りにする。

◉覚え書き
・手順3のアワビを別の煮汁（酒8：みりん1：砂糖少々：濃口醤油1）でさっと炊いてもよい。みりんに砂糖を加えるのは、みりんは身を締める働きがあるので、砂糖を一部加えることで締まりをやわらげる。

煮鮑《あわび》（塩煮）

カラー68ページ

■材料（作りやすい分量）
活けのアワビ適量、「煮鮑」の煮汁※適量、赤芽少々

酒八方系
※「煮鮑」の煮汁（作りやすい分量）
酒適量、水塩少々、昆布適量、大根おろし適量

■作り方
1 アワビの下処理をする。アワビはタワシで丁寧に汚れを落とし、汚れをきれいに洗い流す。殻にしゃもじなどを差し入れて貝柱をはずして身と肝をはずす。肝を傷つけないよう注意する。
2 容器に昆布を敷いて1のアワビをのせ、酒、水塩、大根おろしをひたひたに加えて、ラップをかける。
3 蒸気の上がった蒸し器に1を入れて、1時間くらいかけて柔らかくなるまで蒸し煮にしたら、取り出してそのまま冷ます。
4 鍋に3の蒸し煮汁を漉し入れて温め、味を見て、必要なら塩で味を調える。
5 3のアワビの身を波切りにして、肝と共に器に盛る。4の煮汁適量をかけて、赤芽を天盛りにする。

◉覚え書き
・アワビは、活けのクロアワビを使用している。
・大根おろしと一緒にアワビを蒸し煮にすると、大根の持つ消化酵素（ジアスターゼ）の働きで、アワビが柔らかくなる。

鶏の煮こごり

カラー71ページ

ひと口大に切った鶏もも肉200gを鶏スープ（P.21）400mℓ、酒50mℓ、水塩15mℓ、薄口醤油少々を合わせた煮汁で柔らかくなるまで煮る。煮た鶏肉を流し缶に並べ、煮汁を鍋に移してゼラチン24gを煮溶かして粗熱をとってから流し缶にひたひたに流し入れて冷やし固める。取り出して切り分け、器に盛る。紅葉おろしと細ねぎを添え、ポン酢ですすめる。

鯛の煮こごり

カラー70ページ

タイ（皮付き）の切り身は霜降りをしてから、煮汁（酒300mℓ、生姜3g、濃口醤油20mℓ、みりん大さじ1/2、砂糖３g）で炊く。粗熱をとってから冷蔵庫で冷やす。とろりとジュレ状になった煮汁とタイを一緒に器に盛り、生姜のせん切り、薄口八方だしで含め煮にしたスナップえんどうを添える。

石川芋の煮こごり

カラー71ページ

石川芋は皮をむいて薄口八方系の煮汁（だし450mℓ、みりん30mℓ、薄口醤油45mℓ、砂糖小さじ2）でほどよく炊く。流し缶に石川芋を敷き詰める。煮汁を温め、ゼラチン34gを煮溶かしたら粗熱をとって流し缶に流し入れて冷やし固める。取り出して切り分け、青柚子のせん切りを天盛りにする。春先から初夏にかけて出すと喜ばれる。

身巻き鱧《はも》の煮こごり

カラー70ページ

ごぼうを八方だしで炊いたもの（P.86）を用意し、骨切りをしたハモの身を外にして巻き付ける。これを煮汁（だし400mℓ、みりん小さじ1と1/2、薄口醤油25mℓ、酒50mℓ）で炊いて冷まし、適当な幅に切り分ける。流し缶に「身巻き鱧」の断面を上にして均等に置く。煮汁を温めてゼラチンを煮溶かし、粗熱をとってから流し缶にひたひたに注ぎ、冷やし固める。取り外して切り分け、器に盛り、枝豆を添える。

豚肉の角煮 二種

豚の角煮（蒸し煮）

カラー74ページ

■材料（作りやすい分量）
皮付き豚バラ肉（ブロック）3kg、「豚の角煮の煮汁」※下記全量、溶き辛子少々、四方竹の含め煮少々

濃口八方系
※「豚の角煮」（蒸し煮）の煮汁（作りやすい分量）
だし1300㎖、酒500㎖、濃口醤油180㎖、薄口醤油40㎖、みりん40㎖、砂糖60g

■作り方
1 バットに下ごしらえした豚肉（P.75）を並べ入れ、煮汁※をひたひたに注ぐ。ラップをかけて蒸気のあがった蒸し器で、やわらかくなるまで、30分～1時間蒸す。
2 蒸し器からバットごと出してそのまま冷ます（冷める時に味がしみこむ）。
3 提供する前に、再度温めて食べやすい大きさに切って器に盛り、温めた煮汁を張る。四方竹の含め煮を添え、溶き辛子を落とす。

◉覚え書き
・四方竹の八方煮／水煮の四方竹を薄口八方だしで煮含めたもの。四方竹（しほうちく）は、断面が四角い竹の仲間でシャキシャキした食感が特徴。旬は秋。栽培地域が限定されているので水煮で流通することが多い。

合鴨ロース煮

カラー73ページ

■材料（作りやすい分量）
合鴨（抱き身）1羽分、合鴨ロース煮の煮汁下記全量、粒マスタード少々、防風･パプリカあられ切り各少々

濃口八方系
※「合鴨ロース煮」の煮汁
煮きり酒300㎖、醤油100㎖、みりん100㎖

■作り方
1 合鴨肉は余分な脂身を除き、皮目から焼いて焼き目がついたら取り出し、熱湯で油抜きをして水気をふく。
2 1の合鴨肉に数カ所金串で刺してつるし、10分ほど血抜きをしてキッチンペーパーで血汁をふく。
3 鍋に煮汁※を入れて火にかけ、ひと煮立させてアルコール分をとばしたら、2の合鴨を入れて火を止める。
4 3の皮目を下にして置いてラップをかけ、蒸し器で4～5分蒸す。肉を裏返し、再度蒸し器で5～6分蒸す。
5 4の合鴨を取り出して金串でつるして冷ます。
6 蒸し煮の汁を火にかけ、沸いてきたら表面にキッチンペーパーを軽く当て、アクや余分な脂分をとる。
7 煮汁が澄んだら、5の合鴨を戻して火を止め、煮汁ごと保存容器に移してキッチンペーパーをかけ、そのまま一晩おいて味を含ませる。
8 提供する前に温め直し、食べやすい幅にスライスして器に盛る。煮汁を火にかけ、水溶きの葛粉でとろみをつけてかけ、粒マスタード、パプリカ、防風を添える。

◉覚え書き
・火の入れ加減はお好みで。ここではややレアの状態に仕上げている、ミディアム状態に仕上げたい場合は、蒸し時間を1分～1分半程度長くするとよい。

合鴨の治部煮

カラー76ページ

■材料（作りやすい分量）

合鴨肉（そぎ切り）150g、「合鴨の治部煮」の煮汁※下記全量、そば粉適量、おろしわさび少々

濃口八方系
※「合鴨の治部煮」の煮汁
酒350㎖、濃口醤油50㎖、みりん40㎖、砂糖1.5g

■作り方

1 合鴨は余分な脂身やスジ部分を丁寧の切り取り、そぎ切りにしたら、包丁の背で身を叩いて繊維を切っておく。
2 1の合鴨肉に刷毛でそば粉をまんべんなくまぶす。
3 鍋に煮汁※を合わせて火にかけ、沸いてきたら2の合鴨肉を入れて、さっと煮る。
4 器に3を盛り、煮汁をやや多めに張り、おろしわさびを天盛りにする。

牡蠣《かき》の治部煮

カキのむき身はそば粉を刷毛でたっぷりつけ、沸かした煮汁（「合鴨の治部煮と共通」）※を合わせ入れ、粟麩（素揚げして油抜きしたもの）を加えて味を含める。

続いてカキを加えて火を通し、仕上げに九条ねぎを入れてさっと炊く。煮汁ごと器に盛り、おろし生姜を添える。

豚の角煮（直煮）

カラー74ページ

■材料（作りやすい分量）

皮付き豚バラ肉（ブロック）3㎏、「豚の角煮」の煮汁※下記全量、馬鈴薯のマッシュ辛子風味・芽かぶ各少々

濃口八方系
※「豚の角煮」（直煮）の煮汁
酒900㎖、濃口醤油300㎖、みりん300㎖、砂糖150g

■作り方

1 下ごしらえした豚肉（P.75）と煮汁※を鍋に入れ、クッキングペーパーで紙ぶたをして中火にかける。沸いてきたら弱火にして10～15分炊いて全体に味がまわったら火をとめ、そのまま冷ます。
2 1を温めて器に盛り、煮汁少々を張り、馬鈴薯のマッシュ辛子風味と塩茹でした芽かぶを添える。

◉覚え書き

• 煮物は、煮た後で鍋止めする。冷めるときに味がしみこむので、できれば一晩おくと味がしみておいしくなる。
• 馬鈴薯のマッシュ辛子風味／じゃがいも（男爵）の皮をむいて柔らかく蒸したら、裏ごしにかけて、塩と溶き辛子を少々加えて混ぜたもの。

牛肉の時雨煮《しぐれ》

カラー79ページ

■材料（作りやすい分量）
牛肩赤身肉300g、「牛肉時雨煮」の煮汁※下記全量、針生姜少々

濃口八方系
※「牛肉の時雨煮」の煮汁
濃口醤油100mℓ、みりん50mℓ、砂糖70～80g、酒50mℓ

■作り方
1 牛肉は1㎝角に切って、さっと湯通ししておく。
2 鍋に煮汁※を合わせて火にかけ、煮立ってきたらアクをとり、1の牛肉を入れて強火で炊く。
3 全体に味がなじんだら、いったん牛肉をざるにあける。煮汁だけを鍋に戻して強火にかけ、少し煮詰めて牛肉を戻し入れて味をからめてざるにあける。この作業を3回程度繰り返して、少しずつ味を重ねながら肉に味をのせていくイメージで煮含めていく。
4 煮汁がほとんどなくなるまで煮含めたら、鍋をまわして全体に照りを出して仕上げる。器に盛り、針生姜を添える。

鶏の沢煮椀

カラー78ページ

■材料（4人分）
鶏もも肉80g、野菜の吹き流し適量、芽ねぎ少々

※「鶏の沢煮椀」の汁
鶏スープ（p.21）400mℓ、水塩5mℓ、
薄口醤油20mℓ、酒少々

■作り方
1 鶏肉はひと口大に切り、天火で表面にこんがり焦げ目がつくまで焼いておく。
2 鍋に「鶏の沢煮椀」の汁※の鶏スープを火にかけ、残りの調味料を順に加えて味を調える。
3 椀に1の鶏肉と野菜のふき流しを盛り、熱々の2の汁を張って、芽ねぎを添える。

◉覚え書き
• 野菜のふき流し／人参、大根、ごぼうをそれぞれ繊維にそって長めのせん切りにし、先を切り揃えて束ね、片側を三つ葉の軸で結ぶ。これをさっと湯がき、調味した鶏スープ（分量外）にひたして下味をつけておく。

野菜の煮物

野菜の煮物 吹き寄せ風

カラー83ページ

■材料（４人分）

筍（下処理したもの：Ｐ.89）60g　花人参４枚　干し椎茸４枚　小芋４個　「野菜の煮物　吹き寄せ風」の煮汁※下記全量、花びらゆり根4枚、芽かぶ4個、木の芽少々

薄口八方系

※「野菜の煮物　吹き寄せ風」の煮汁
（合わせやすい分量）
だし350mℓ、薄口醤油50mℓ、みりん40mℓ、
砂糖１～２g

■作り方

1 材料の下ごしらえをする。筍は下処理したものを用意し、縦にスライスする。人参は水から塩茹でする。干し椎茸は戻して湯がく。小芋は皮をむいて米のとぎ汁で柔らかくなるまで煮て洗っておく。ゆり根はきれいに洗って塩茹でする。芽かぶは軽く塩茹でする。

2 鍋に煮汁※を合わせて、1の野菜（芽かぶ以外）をすべて入れて火にかける。味がしみこんだら、最後に芽かぶを入れて、すぐに火を止める。

3 2を器に盛って煮汁※を適量張り、木の芽を添える。

◉覚え書き

- 筍の下処理は、たっぷりの水に米ぬかと乾燥赤唐辛子を加えて筍を入れ、好みの加減になるまで茹でる。火をとめて、冷めるまでそのままおく。皮をはがしてきれいに洗ってから使う。
- 芽かぶは、最初から入れると色が悪くなるので、煮上がり間際に入れる。

筑前煮

カラー80ページ

■材料（作りやすい分量）

鶏もも肉、里芋、人参、干し椎茸、ごぼう、こんにゃく、鶏肉、きぬさや少々、柚子の細切り少々

濃口八方系

※「筑前煮」の煮汁（作りやすい分量）
だし300mℓ、酒200mℓ、濃口醤油50mℓ、
みりん30mℓ、砂糖約20g

■作り方

1 材料の下ごしらえをする。干し椎茸は一晩ぬるま湯につけて戻しておく。

2 鶏肉は余分な脂やスジを除いて、ひと口大に切り分ける。

3 里芋は、上下を水平に切り落として六方むきにし、適当な幅に切って米のとぎ汁で下茹でする。人参は皮をかつらむきの要領でむき、回し切りにして熱湯で下茹でする。ごぼうは皮付きのまままきれいに洗い、回し切りにして米のとぎ汁で下茹でする。

4 こんにゃくは指を立てて適当な大きさにちぎり、熱湯で下茹でする。

5 鍋に油を熱して2の鶏肉を中強火で炒め、色が変わってきたら、1と3、4を加えて全体に油をなじませる。

6 5の鍋に煮汁※の酒、だしの順に加えたら、残りの調味料も加える。煮立ってきたら火を少し弱めて落としぶたをして煮る。

7 好みの加減になるまで煮たら火を止め（汁はある程度残しておく）、器に盛る。きぬさや（塩茹でしたもの）、柚子皮の細切りを散らす。

筍の若竹煮

カラー88ページ

■材料（作りやすい分量）
筍（下処理したもの：P.89）適量、生ワカメ適量、酒少々、「筍の若竹煮」の煮汁※適量、木の芽少々

薄口八方系
※「筍の若竹煮」の煮汁（作りやすい分量）
だし適量、薄口醤油少々

■作り方
1 下処理をした筍を食べやすく切る。
2 ワカメは酒を加えた熱湯でさっと湯がいて引き上げ、包丁で軽く叩いておく。
3 鍋に煮汁※のだしを入れて火にかけ、2のワカメと1の筍を加えて、ひと煮立ちしたら火を止める
4 椀に3の筍を盛り、椀の6割程度までワカメ入りの煮汁を張り、木の芽を天盛りにする。

◉覚え書き
• ワカメはあらかじめ酒を加えた熱湯に通しておき、煮上がる前に入れることがポイント。入れるタイミングが早いとワカメの色や食感が低下するので注意する。

野菜と海老の炊き合わせ

カラー84ページ

■材料（1人分）
車エビの芝煮（P.32）2尾、長芋の白煮（P.87）1個（15g）、さつま芋レモン煮1個（10g）、ふきの含め煮（P.87）少々、パプリカのオランダ煮2枚、炊き合わせの煮汁※適量、木の芽少々

薄口八方系
※「野菜と海老の炊き合わせ」の煮汁（割合）
だし8：薄口醤油1：みりん1

■作り方
1 車エビの芝煮、長芋の白煮、さつま芋レモン煮、ふきの含め煮、パプリカオランダ煮は、それぞれ八方だしで味を含めたものを用意する。
2 器に1をバランスよく盛り付け、温めた煮汁※を少量張る。全体をまとめる煮汁は、全体の味の邪魔にならないよう、薄口八方系の煮汁を用いるとよい。

◉覚え書き
• さつま芋レモン煮／水にくちなし、食べやすく切った皮付きのさつま芋を入れて湯がき、水に落として水気をきる。水・砂糖・塩少々を合わせた地で煮て、火をとめてからレモン絞り汁を加える。
• パプリカのオランダ煮／パプリカを素揚げして皮をむく。熱湯で油抜きして薄口八方だしでさっと煮る。

野菜の田舎煮

カラー90ページ

■材料（１人分）

海老芋１個、ごぼう30g、伏見唐辛子（赤・緑）各１本、あわびだけ1/2本、田舎煮の煮汁※適量、刻み柚子少々

濃口八方系

※「野菜の田舎煮」の煮汁（作りやすい分量）

だし500mℓ、濃口醤油100mℓ、みりん80mℓ、砂糖２g

■作り方

1 海老芋とごぼうは、それぞれ米のとぎ汁で柔らかくなるまで湯がいて取り出す。海老芋は縦五つか六つくらいに切り、ごぼうは筒抜きで芯を抜いて、それぞれ天火で焼いて焼き目をつける。

2 伏見唐辛子は、竹串で穴をあけてから素焼きにする。あわびたけは縦半分に切って、焼き目をつける。

3 鍋に煮汁※適量を入れて火にかけ、沸いてきたら、１～２の材料を入れ、さっと煮含めて仕上げる。すぐに提供しない場合は、青唐辛子だけ取り出しておく。

4 提供する前に３を再度温めて器に盛る。温めた煮汁を張り、伏見唐辛子も一緒に盛り、刻み柚子を添える。

筍の土佐煮

カラー88ページ

■材料（作りやすい分量）

筍（下処理したもの：P.89）適量、「筍の土佐煮」の煮汁※適量、かたくりの葉・糸がきカツオ・木の芽各少々

薄口八方系

※「筍土佐煮」の煮汁

A〔だし適量、薄口醤油少々、みりん少々、塩少々〕、削りガツオ（追いガツオ用）少々

■作り方

1 鍋に煮汁※のAを合わせて火にかけ、煮立ってきたら下処理を行った筍を入れる

2 １の鍋にカツオ節をキッチンペーパーなどで包んだものを加えて追いガツオをして、より風味を高める。途中出るアクは取り除く。

3 ２を煮て味を含ませたら器に盛り、かたくりの葉、糸がきカツオ、木の芽を添える。

茄子の翡翠《ひすい》煮

カラー94ページ

■材料（作りやすい分量）
茄子適量、「茄子の翡翠煮」の煮汁※適量、きぬさや少々

薄口八方系
※「茄子の翡翠煮」の煮汁（割合）
だし8：薄口醤油1：みりん1

■作り方
1 茄子はがく部分を残し、包丁を寝かせて縦に動かし、できるだけ薄く皮をむく。
2 塩を加えた熱湯を沸かして1の茄子を入れ、経木で落としぶたをして中火で茹でる。茄子に火が入り、きれいな緑色になったら、氷水につけて色止めをする。
3 別の鍋に煮汁※適量を合わせて火にかける。沸いてきたら2の茄子を加えて煮て味を含める。
4 3の茄子を取り出してざるに並べ、うちわなどであおいで冷ます。
5 器に4の茄子を食べやすく切って盛り、煮汁少々をかける。八方だしで味を含めたきぬさやを天に盛る。

◉覚え書き
• 茄子の色がきれいに出ない場合は、皮をむいた後、みょうばんと塩を合わせて軽くこすってから、みょうばん水に漬けるときれいに出る。

ふろふき大根

カラー92ページ

■材料（作りやすい分量）
大根適量、「ふろふき大根」の煮汁※適量、鉄火味噌適量、松葉柚子少々

白八方系
※「ふろふき大根」の煮汁（作りやすい分量）
昆布だし400㎖、水塩20㎖、
みりん大さじ1/2程度

■作り方
1 大根は3㎝厚さの輪切りにして皮を厚めにむく。切り口の角を細くそぐように切り落として面とりし、断面に十字に切り込みを入れる（隠し包丁）。
2 米のとぎ汁（分量外）に1の大根を入れて火にかける。竹串が入るくらいになったら〝おかあげ〟にする。
3 鍋に煮汁※をたっぷり用意して大根を入れ、火にかけて弱火で10〜15分程度煮て味をしみこませる。アクは取り除く。
4 煮上がった大根を器に盛り、3の煮汁を適量流して、鉄火味噌をかける。松葉柚子を天に盛る。

◉覚え書き
• 下茹でした大根は、水に落として冷ますと透き通るが、ここでは白く仕上げたいので、下茹で後、ざるにあげてそのまま冷ます〝おかあげ〟という手法をとり、白く仕上げる。
• 鉄火味噌／桜味噌（やや甘口で米味噌と赤味噌を合わせたもの）200g、卵黄1個分、砂糖50g、みりん50㎖、煮きり酒50㎖を大きめの鍋に合わせて、木べらなどで均一に混ぜる。これを中火にかけ、木べらで混ぜながら、焦げないよう注意しながら、練り上げて火を止める（作りやすい分量）。

蕗《ふき》の青煮

カラー96ページ

■材料（作りやすい分量）

ふき適量、「蕗の青煮」の煮汁※適量、糸がき（削り節）少々

薄口八方系

※「蕗の青煮」の煮汁（作りやすい分量）

だし200mℓ、薄口醤油60mℓ、みりん50mℓ、水塩5g、砂糖少々

■作り方

1 ふきの下処理をする。まな板にふきを並べて置き、塩と重曹少々をふって手の平で転がしたら（板ずり）、しばらくおく。

2 鍋に湯を沸かし、1のふきを入れて落としぶたをして1～2分茹でたら氷水にとって冷まし、ざるにあげる。

3 根元から皮をむく。むいた皮で、ふき数本を束ねておく。

4 鍋に煮汁※適量（ふきがひたる程度）を合わせて火にかけ、3のふき、キッチンペーパーに包んだカツオ節を加えて追いガツオをして色や食感を損なわないよう短時間煮る。

5 4をざるにあげ、うちわなどであおいで冷ましたら、冷やした煮汁に浸して味を含ませる。

6 5を食べやすい幅に切って器に盛り、煮汁適量をかけ、糸がき（削り節）を天盛りにする。

茄子の瑠璃《るり》煮

カラー94ページ

■材料（作りやすい分量）

茄子適量、塩･みょうばん各少々、「茄子の瑠璃煮」の煮汁※適量、さや大根少々

薄口八方系

※「茄子の瑠璃煮」の煮汁（割合）

だし8：薄口醤油1：みりん1

■作り方

1 茄子は縦半分に切り、皮目に包丁で細く切り込みを入れ、食べやすい幅に切る（火の通りを早くするため）。

2 塩とみょうばんを加えた水に1を約15分つけてから熱湯で茹でて氷水にとり、色止めをする。

3 鍋に煮汁※適量をひたひたに合わせて火にかけ、沸いてきたら1の茄子の皮目を下にして強火でさっと炊く。

4 3をざるに取り出して、うちわなどであおいで冷まして色止めをする。

5 冷やした煮汁に4の茄子を漬けて味を含ませ、器に盛る。さや大根を添える。

◉覚え書き

• 茄子の色をきれいに出すコツは、最初に塩･みょうばんを加えた水に漬けてから茹でて色を出すこと。さらに煮汁で煮る際も皮を下にすることで色を保つ。をきれいに煮上げるコツ。

• さや大根は、大根の実とも呼ばれ、大根の花が終わった後にできる実の部分。さやが若くまだ柔らかいうちに収穫したもの。

独活《うど》の白煮

カラー98ページ

■材料(作りやすい分量)
うど適量、「独活の白煮」の煮汁※適量、木の芽少々

白八方系
※「独活の白煮」の煮汁(作りやすい分量)
だし300mℓ、塩30mℓ、砂糖15g

■作り方
1 うどの下処理をする。ボウルにみょうばん水を用意しておく。
2 うどは皮をむいて適当な幅に切り、桂むきの要領で皮を筋の濃い部分までむき、すぐにみょうばん水にさらして2～3分おく。
3 鍋に熱湯を沸かして2のうどを入れ、落としぶたをして茹でてアクを出して全体に火を通したら取り出す。
4 鍋に煮汁※適量を入れて火にかける。沸いてきたら3のうどを入れ、さっと煮て引き上げてざるにのせ、うちわなどであおいで冷ます。
5 4を器に盛り、木の芽を天盛りにする。

◉覚え書き
・うどを白く仕上げるコツは、うどを煮る時、透き通る前に手早く引き上げ、ざるにとってうちわ等であおいで冷ますと、白さを残すことができる。

独活《うど》の水晶煮

カラー98ページ

■材料(作りやすい分量)
うど適量、「独活の水晶煮」の煮汁※適量、木の芽少々

白八方系
※「独活の白煮」の煮汁(作りやすい分量)
だし300mℓ、塩30mℓ、砂糖15g

■作り方
1 うどの下処理をする。ボウルにみょうばん水を用意しておく。
2 うどは皮をむいて適当な幅に切り、桂むきの要領で皮を筋の濃い部分までむき、すぐにみょうばん水にさらして2～3分おく。
3 鍋に熱湯を沸かして2のうどを入れ、落としぶたをして茹でてアクを出して全体に火を通したら取り出す。
4 鍋に煮汁※をひたひたより少し多めに入れて火にかけ、沸いてきたら3のうどを入れ、さっと煮て引き上げてざるにのせ、うちわなどであおいで冷ます。
5 4を器に盛り、木の芽を天盛りにする。

◉覚え書き
・うどを白く仕上げるコツは、うどを煮る時、透き通る前に手早く引き上げ、ざるにとってうちわ等であおいで冷ますと、白さを残すことができる。

鍵蕨《かぎわらび》の含ませ煮

カラー102ページ

■材料（作りやすい分量）
わらび（かぎわらび）適量、「鍵蕨の含ませ煮」の煮汁※適量、桜の花（桜の花の塩漬けを塩抜きしたもの）少々

※「鍵蕨の含ませ煮」の煮汁（割合）
だし8：薄口醤油1：みりん0.7：砂糖0.3

■作り方
1 わらびの下処理をする。わらびの固い根元は切り落として、水洗いをして汚れなどを落とす。
2 バットに1のわらびを置き、灰（木灰）をふりかけ、手で全体にまぶす。
3 2を大きめのすり鉢に入れて落としぶたをのせて、熱々に沸かした熱湯をまわしかけ、重石をおいてラップをかけて一晩おいてアクを抜く。
4 翌日、3のわらびを洗って水を替える。
5 鍋に煮汁※適量を合わせて火にかけ、沸いてきたら4のわらびを入れ、さっと味を煮含めて火を止める。
6 器に盛り、煮汁を適量まわしかけて、桜の花を天盛りにする。

◉覚え書き
• 灰をまぶしたわらびを水に浸すことで、水がアルカリ性になり、わらびの細胞壁を部分的に分解し、アクが溶け出しやすくするとされている。

うすい豆の吉野煮

カラー100ページ

■材料（作りやすい分量）
うすい豆適量、「うすい豆の吉野煮」の煮汁※適量

薄口八方系
※うすい豆の吉野煮の煮汁（作りやすい分量）
だし200mℓ、薄口醤油小さじ1/2、水塩10mℓ、みりん1と1/2、水溶きの葛粉少々

■作り方
1 うすい豆はさやから出す。
2 鍋に水と水塩少々（各分量外）を入れて火にかけ、1のうすい豆を入れて炊く。
3 2のうすい豆に火が通ったら、流水を少しずつ流し入れて冷ましておく。
4 3をざるにあげて水気をきる。
5 鍋に煮汁（水溶きの葛粉を除く）※適量を合わせて火にかけ、煮立ってきたら4のうすい豆を入れて炊く。
6 仕上げに水溶きの葛粉をまわし入れて、薄くとろみをつける。
7 6に透明感が出て、粉っぽさがとれたら、鍋底を氷水に当てて急冷し、器に盛る。

◉覚え書き
• うすい豆を炊いた後、冷ますときに、水を徐々に入れて冷ますのは、一度に冷やすと豆にしわが寄ってしまうため。またそのままにすると、熱で色が悪くなってしまう。
• 味つけの加減は、最後にとろみづけをするため、やや強めに味を入れるようにすると、バランスがよい。

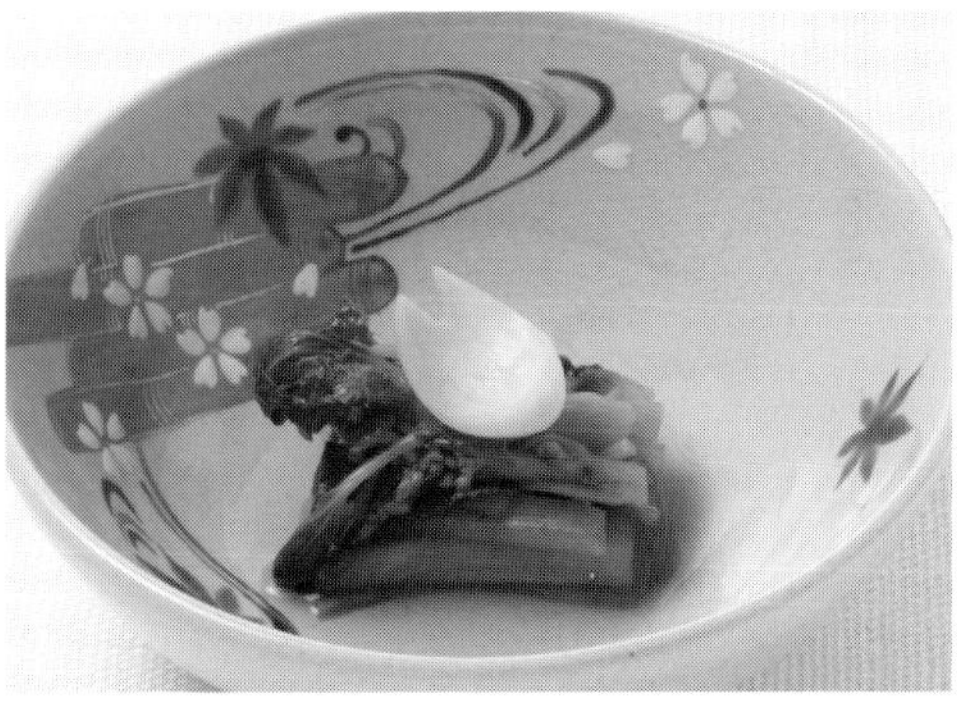

花山葵《わさび》の甘煮

カラー106ページ

■材料(作りやすい分量)
花わさび適量、塩・みょうばん・砂糖(下処理用)各少々、「花山葵の甘煮」の煮汁※適量、花びら百合根少々

※「花山葵の甘煮」の煮汁(割合)
だし8:みりん1、薄口醤油少々、
塩少々、砂糖少々

■作り方
1 花わさびの下処理をする。バットに花わさびを広げ、塩とみょうばん少々(各分量外)をふり、手で全体にまぶして、しばらくおく。
2 鍋に熱湯(80℃くらい)を用意し、1の花わさびを入れて茹でてアクをとる。
3 2を冷水にとって冷やし、水気をきってビニール袋に入れて、よくふって辛味を引き出す。
4 3の袋に砂糖を加え、さらに袋をふってなじませ、えぐみをとる。
5 氷水を張ったボウルに4の袋を入れて冷やし、さらに辛味を引き出す。
6 鍋に5を煮汁※適量を合わせて火にかけ、沸いてきたら5の花わさびを加えて、さっと煮る。
7 器に6の花わさびを盛り、煮汁を適量まわし入れる。花びら百合根を天盛りにする。

こごみの玉子締め

カラー104ページ

■材料(作りやすい分量)
こごみ適量、「こごみの玉子締め」の煮汁※適量、桜の花の塩漬け少々

薄口八方系
※「こごみの玉子締め」の煮汁(作りやすい分量)
だし300mℓ、薄口醤油50mℓ、みりん25mℓ、
砂糖10g、溶き卵2個分

■作り方
1 こごみの下処理をする。こごみは軸の固い部分を切り落とし、芽部分から包丁を寝かせて入れ、厚み半分に切る。
2 鍋に熱湯と塩・灰汁(P.158)各少々(以上分量外)を加えて、こごみを入れる。
3 落としぶたをして1～2分茹でて色を引き出したら、ざるにあげて手早く氷水に落として冷まし、水気をきる。
4 鍋に煮汁※適量(溶き卵を除く)をひたひたより少し多めに合わせて火にかけ、沸いてきたら3のこごみを加える。
5 卵を溶いて穴杓子を用いて4の鍋に細くまわし入れ、ふたをしてすぐに火を止め、余熱で半熟に火を通す。
6 器に5を煮汁ごと盛り、桜の花の塩漬けを天盛りにする。

◉覚え書き
• 煮汁の量も大切。煮汁が多すぎると溶き卵がこごみにからみにくくなる。卵がこごみに程よくからむよう、煮汁の量は、ひたひた程度を目安にするとよい。

甘煮 二種

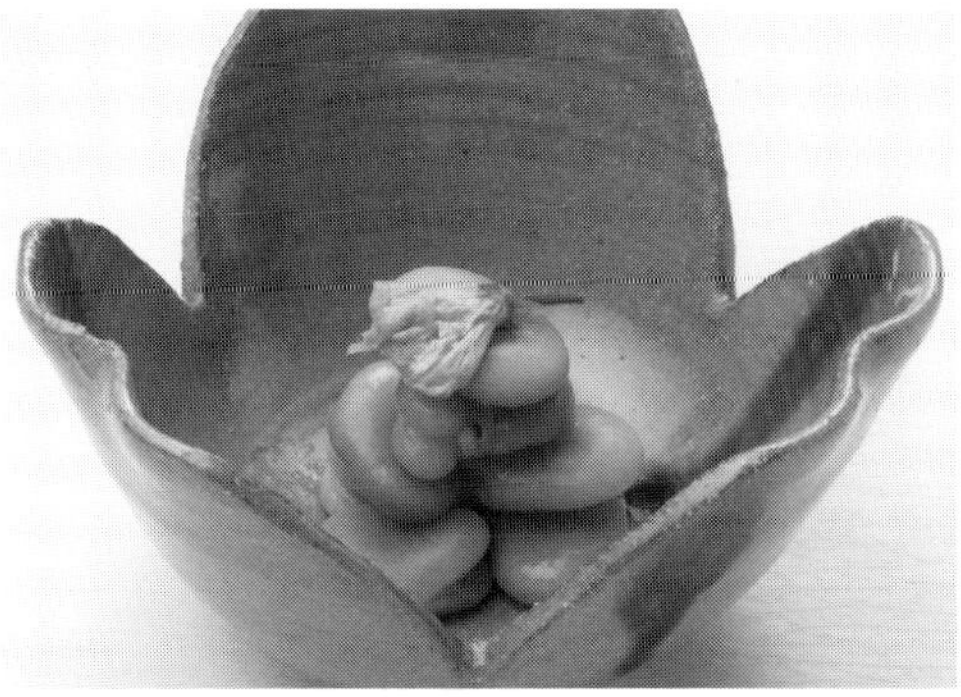

蚕豆《そら》の甘煮

カラー108ページ

■材料（作りやすい分量）
そら豆適量、「蚕豆の甘煮」の煮汁※適量、桜の花の塩漬け少々

※「蚕豆の甘煮」の煮汁（作りやすい分量）
水150mℓ、砂糖56g、塩少々

■作り方
1 そら豆は、さやから豆を取り出して薄皮をはがす。さらに芽の部分を取り除いておく。
2 鍋に煮汁※適量を入れて火にかけ、沸騰させてから火を止めて冷ます。
3 2の鍋に1のそら豆を入れて、重曹を入れて火にかける。
4 3の鍋に紙ぶた（厚手のキッチンペーパーなど）をのせて弱火にかける。沸騰してきたらすぐに火を止め、そのまま冷ます（鍋止め）。
5 器に4のそら豆を盛り、桜の花の塩漬けを天盛りにする。

◉覚え書き
・そら豆は、一寸（約3㎝）ほどの大きさの豆ということから別名「一寸豆」とも言われる。さやの中がしっかり詰まり、さやの外からも豆の形が見えるものを選ぶとよい。

蕗《ふき》の薹《とう》の甘煮

カラー108ページ

■材料（作りやすい分量）
ふきのとう適量、「蕗の薹の甘煮」の煮汁※適量、けしの実少々

※「蕗の薹の甘煮」の煮汁（作りやすい分量）
水1800mℓ、砂糖375g、塩少々

■作り方
1 ふきのとうの下処理をする。鍋に水、やや強めの塩、ほんの少しの重曹、灰汁（P.158）を入れて火にかける。
2 1の鍋にふきのとうを入れ、落としぶたをして茹でる（長時間茹でると繊維が崩れるので注意）。
3 ふきのとうをざるにあげ、ざるごと素早く氷水に入れ、そのまま、丸1日流水にさらして苦みをとる。
4 鍋に煮汁※適量を合わせて火にかけ、煮立ってきたら、3のふきのとうの汁気を絞って入れ、紙ぶたをして10分程度、弱火で味を含ませる。
5 4の火を止め、そのまま冷まし（鍋止め）、1日かけてゆっくりと味を含ませる。
6 5を器に盛り、けしの実をふる。

◉覚え書き
・ふきのとうの下処理の際、用途によって苦みをどの程度抜くか調整するとよい。甘煮に用いる場合はやや時間をかけてさらして苦みを穏やかにするとよい

茄子の普茶《ふちゃ》煮

カラー112ページ

■材料(作りやすい分量)

丸茄子(小)1個、揚げ油適量、「茄子の普茶煮」の煮汁※下記全量、みょうが少々

※「茄子の普茶煮」の煮汁
酒300㎖、砂糖70g、濃口醤油30㎖

■作り方

1 茄子は火通りをよくするために、金串で穴をあけ、やや多めの油で全体を炒め焼きにしたら、余分な油は捨てる。

2 1の鍋を火にかけ、煮汁※の材料を順に加えたら、経木で落としぶたをして中強火で15分程度煮る。

3 途中、煮汁が全体に行き渡るよう、茄子を転がす。茄子につやが出て色が戻ってきたら火を止める。

4 器に3を盛り、みょうがのせん切りを添える。

◉覚え書き

- 茄子に金串で穴を開ける際は、開け過ぎると煮崩れしやすくなるので、注意する。
- 茄子の色は煮ると、いったん飛ぶが、煮汁が全体に行き渡ると濃紫紺色に戻る。また茄子の表面は全体に細かいしわがよるのが理想。
- 茄子は丸茄子の他、一般的な千両茄子で作ってもよい。
- 鍋の大きさは、茄子がちょうど入る程度のものを使うと煮汁のまわりがよい。

湯葉のオランダ煮

カラー110ページ

■材料(作りやすい分量)

生湯葉(引き上げ湯葉)適量、揚げ油適量、「湯葉のオランダ煮」の煮汁※適量、スナップえんどう少々

薄口八方系
※湯葉のオランダ煮の煮汁(割合)
だし10:薄口醤油1:みりん1、砂糖少々

■作り方

1 引き上げ湯葉は5～6㎝角に切り整え、1㎝厚さくらいになるまで重ねる。

2 中温(170～180℃)に熱した揚げ油で1の湯葉をこんがり揚げる。

3 2をざるにのせて熱湯をまわしかけて油抜きをする。

4 鍋に煮汁※適量(湯葉がひたひたになる程度)合わせて火にかけ、煮立ってきたら3の湯葉を入れてさっと炊く。

5 器に4を盛り、スナップえんどう(茹でて八方だしで下味をつけたもの)を添える。

◉覚え書き

- 精進仕立てにしたい場合は、だしを「炒り米だし」(P.157)の昆布を干し椎茸に替えてとっただしで煮るとよい(コクが出る)。
- 湯葉を油で香ばしく揚げてから熱湯で油抜きを行うことで余分な油分を落とすことでコクがあり、すっきりとした仕上がりに。また煮汁がしみこみやすくなる効果もある。

炒り米だしの精進煮物椀

カラー115ページ

■材料（２人分）

長芋の白煮（Ｐ.87）20g、干し椎茸（戻したもの）２枚、焼き巻き湯葉２個、「炒り米だしの精進煮物椀」の汁※下記全量、きぬさや６枚、黄柚子皮のせん切り少々

薄口八方系

※「炒り米だしの精進煮物椀」の汁

炒り米だし（下記参照）200mℓ、水塩5mℓ、みりん15mℓ、薄口醤油25mℓ

■作り方

1 具材の下ごしらえをする。長芋は２cm厚さの輪切りにして皮をむいて面とりして白煮にする。焼き巻き湯葉、きぬさや、戻した干し椎茸は、炒り米だし（分量外）でそれぞれ下煮しておく。

2 炒り米だしに水塩と薄口醤油を加えて味を調える。

3 椀に１の具を見栄えよく盛り、炒り米ごと温めた２の汁を張って黄柚子の皮を添える。

◉覚え書き

- 「炒り米だし」は、フライパンに生米130gを入れて中火にかけ、米が熱くなってきたら弱火にし、鍋をゆすりながらこんがり色づくまで炒っておく。昆布10gに切り込みを入れて鍋に入れ、炒り米と水１ℓを加えて火にかける。沸いてきたらアクをとって昆布を引き上げ、（炒り米ごと料理に使う場合は）ごく弱火にして米がやわらかくなるまで煮る
- ここでは、「炒り米だし」を炒り米ごと汁に用いたが、炒り米のだしだけを使用する（米は食べない）場合は、煮出す時間を短くするとよい。香りがよく、澄んだただしがとれる。

根菜と利休麩の煮物椀

カラー114ページ

■材料（１人分）

里芋（小）２個、花蓮根１枚、利休麩（２cm厚さ）１枚、「根菜と利休麩の煮物椀」の汁※下記全量、いんげん２本、人参少々、有馬山椒少々

薄口八方系

※根菜と利休麩の煮物椀の汁（１人分）

煮干しだし（Ｐ.21）100mℓ、水塩・薄口醤油各少々

■作り方

1 材料の下ごしらえする。蓮根は輪切りにして花形にむき、里芋は六方むきにし、それぞれ白煮にする（Ｐ.41）。

2 いんげんは両端を切り落としてさっと湯がく。人参は末広に切る。利休麩は熱湯で油抜きをする。

3 １と２をそれぞれ、煮干しだしの八方だし（分量外）で炊いて味を含めておく。

4 煮干しだしを鍋に入れて火にかけ、水塩と薄口醤油で味を調える。

5 椀に１と３を見栄えよく盛り、温めた４のだしを張って有馬山椒を添える。

◉覚え書き

- 野菜を白煮する場合は、水に水塩と砂糖を各少々、薄口醤油をほんの少々加えた煮汁を使う。白っぽい素材の色をつけない場合に用いる。
- 煮干しの八方だしは、煮干しだしをベースに醤油とみりんで調味したもの。
- 利休麩は、生麩を甘辛く炊いてからごま油で揚げたもの。精進料理で使われることが多い。

じゃが芋の粉ふき煮

カラー117ページ

■材料(作りやすい分量)

じゃが芋(男爵系の新じゃが芋)適量、水適量、塩少々、松葉柚子少々

■作り方

1 じゃが芋は皮付きのまま茹でて皮をむき、熱いうちに塩をふる。

2 鍋に1を入れ、粉が吹くまで炒り煮にする。

3 器に2を盛り、松葉柚子を天盛りにする。

たらの芽の利休煮

カラー116ページ

■材料(作りやすい分量)

たらの芽適量、「たらの芽の利休煮」の煮汁※適量、切りごま適量

薄口八方系

※「たらの芽の利休煮」の煮汁(作りやすい分量)

だし200mℓ、薄口醤油20mℓ、みりん20mℓ、水塩5mℓ

■作り方

1 たらの芽はがくを掃除して、塩と灰汁少々を加えた熱湯でさっと湯がいてざるにあげ、氷水にとる。

2 鍋に煮汁※適量(ひたひた程度)を入れて火にかけ、沸いてきたら弱火にし1を加えて軽く煮たら、仕上げに切りごまを加えて火を止める。

3 2を氷水を張ったボウルに当ててそのまま冷まし、器に盛る。

◉覚え書き

• 灰汁は、わら灰などを水に漬けてから濾過したもので、アルカリ性の液体。

当座煮 二種

蕗《ふき》の当座煮

カラー120ページ

■材料（作りやすい分量）
ふき適量、「蕗の当座煮」の煮汁※適量、かたくりの花適宜

※「蕗の当座煮」の煮汁（割合）
だし200mℓ、薄口醤油25mℓ、
みりん10mℓ、砂糖少々

■作り方
1 ふきは、塩ずりをしてゆがいてから、適当な長さに切る。
2 鍋に煮汁※適量（ひたひた程度）を合わせて火にかけ、煮立ってきたら1のふきを入れる。
3 2をそのまま中火で煮て、汁が少し残る程度まで煮詰めたら、鍋を火からおろし、氷水に当てて冷ます。
4 器に3を盛り、かたくりの花を添える。

◉覚え書き
• 「当座」とは、しばらく、当分といった意味で、それくらいは保存できる煮物のことをいう。煮ることで、ふきの色は飛ぶが汁気を飛ばすことで、保存性を高めることができる。

蕗《ふき》の伽羅《きゃら》煮

カラー118ページ

■材料（作りやすい分量）
ふき適量、「蕗の伽羅煮」の煮汁※適量、炒りごま少々

※「蕗の伽羅煮」の煮汁（作りやすい分量）
水400mℓ、薄口醤油250mℓ、酒100mℓ、みりん100mℓ、砂糖40g、炒りごま少々

■作り方
1 ふきは、塩ずりをしてゆがいてから、適当な長さに切り、ざるなどに広げて1日風干しにする。
2 鍋に煮汁※適量（ひたひた程度）を合わせ入れる。1のふきを入れ、落としぶたをして弱火でゆっくりと炊く。
3 途中、鍋を前後にゆすり、勢いをつけて鍋の向こう側から手前に材料が返るようにして鍋返しをする。焦げつきを防ぐとともに煮汁や調味料を全体にいきわたらせる。
4 煮汁がほとんどなくなったら、抜き板に広げて汁気を切り、冷まして完成。

◉覚え書き
• コツは煮ている最中に鍋の内側につく、焦げ目をこまめにふいて、落とすこと。こうすることで焦げることによって生まれる苦みが出ないようにする。

当座煮 二種

青梅の蜜煮

カラー122ページ

■材料（作りやすい分量）
青梅１kg、「青梅の蜜煮」のシロップ※下記全量、ブランデー、または白ワインなど（お好みで）少々

※「青梅の蜜煮」のシロップ
水1800㎖、砂糖450g、塩少々

■作り方

1 青梅の下処理を行う。青梅はへたを竹串でとり、全体に針打ちをする（煮ている時に実が破裂するのを防ぐため。多すぎても実が崩れるので適度に）。

2 水塩（10％濃度）に１の青梅を一晩漬け、熱湯で軽く茹でて流水にさらす。

3 ２の手順を青梅の味や好みに応じて（２～３日かけて）２～３回行う。

4 シロップ※を用意する。鍋にシロップの材料を合わせて火にかけて温める。

5 大きめの鍋でたっぷりの熱湯を沸かし、３の青梅を茹でる。青梅が浮き上がってきたら、取り出して水気をふいて４のシロップに入れ、弱火で煮て味を含ませたら火を止め、そのまま冷ます。１日程度おいて味を含ませたら完成。好みでブランデーや白ワインを加える。

◉覚え書き

- 青梅の針打ちに用いる道具は、割り箸で縫い針を挟んで糸でしばって固定したものを使用。
- 青梅の下処理をする際、青梅を茹でて流水にさらす工程の回数によって酸味の出し方を調整する。水にさらす回数が多いほど酸味は穏やかになる。

筍の有馬煮

カラー120ページ

■材料（作りやすい分量）
筍（下処理したもの：Ｐ.89）適量、「筍の有馬煮」の煮汁※適量、有馬山椒少々

濃口八方系
※「筍の有馬煮」の煮汁（作りやすい分量）
だし8：酒1：濃口醤油1、みりん1、砂糖0.3

■作り方

a

b

c

d

1 下処理をした筍をいちょう切りにする。

2 鍋に煮汁※適量（ひたひた程度）を合わせて火にかけ、１の筍を入れて煮汁が少なくなるまで弱火で煮て、味を含める。

3 最後にアク抜きをした実山椒を加えて軽く煮たら、火を止める。

4 器に３の筍を盛り、実山椒を天盛りにする。

◉覚え書き

- 実山椒のアク抜き／実山椒は水に漬けて（a）ごみなどを取り除く。たっぷりの湯を沸かして、重曹少々、塩を多めに加えて（b）、掃除した実山椒を入れ、落としぶたをして茹でる（c）。指の腹でつぶれるくらいの固さになったら氷水にとって色止めし（d）、水をかえてさらす。水にさらす時間は、辛味を残したい場合は短時間で、辛味を和らげたい場合は長めにさらす。この後、水気をふいて密閉すれば冷凍保存も可能。

黒豆の蜜煮

カラー125ページ

■材料（作りやすい分量）

黒豆（乾燥）300g、「黒豆の蜜煮」の煮汁※下記全量、還元鉄少々、濃口醤油少々、ブランデー、または白ワインなど（お好みで）少々

※「黒豆の蜜煮」のシロップ
水1800㎖、砂糖750g

■作り方

1 鍋に黒豆と米のとぎ汁、還元鉄を入れて一晩おいて戻す。

2 1の鍋を火にかけ、沸騰寸前で火を止めて、そのままふたをして冷ます。これを黒豆が柔らかくなるまで2～3回繰り返す（割れたものは適宜取り除く）。

3 2の黒豆を取り出して、新たに水から入れて茹でこぼす。

4 別の鍋にシロップを合わせて火にかけ、砂糖を溶かす。

5 4の鍋に3の黒豆の水気を切って加えて弱火で煮て味を含ませたら、火を止めてそのまま冷ます、1～2日おいて味を含ませたら完成。仕上げに好みでブランデーや白ワインなどを加えてもよい。

◉覚え書き

・還元鉄は、鉄の酸化物の還元によって作られた微細な粉末状の金属鉄。。黒豆の色をより深く艶やかな黒色にするために使用する。昔は還元鉄の代わりに「錆びた釘」などが使われていた。いずれにしても、だしパックやクッキングシートでしっかり包んで、ひもなどで結んで閉じて使用する。

栗の甘露煮

カラー124ページ

■材料（作りやすい分量）

栗1kg、くちなしの実、「栗の甘露煮」のシロップ※下記全量、塩少々、ブランデー（お好みで）少々

※「栗の蜜煮」のシロップ
水1800㎖、砂糖750g、塩少々

■作り方

1 皮をむいた栗を用意し、30分～1時間ほど水にさらす。

2 鍋に1の栗とたっぷりの水を入れ、くちなしの実を割って加えて火にかけ、20分程度煮て色をつけたら、火を止め、そのまま冷ます（鍋止め）。

3 鍋にシロップ※を合わせて入れて火にかけ、砂糖を溶かしておく。

4 2の栗を流水で洗って水気を切って鍋に入れ、3のシロップを加えて火にかける。沸いてきたら弱火にして少し煮てシロップを栗に含ませる。

5 4の火を止め、そのまま冷まして半日から1日おいて味をなじませる。好みで仕上げにブランデーを加えてもよい。

◉覚え書き

・砂糖の量の1割を水飴に代えてもよい。よりつやが出て、すっきりとした甘さに仕上がる。

鶏の水炊き 飛鳥鍋風

カラー127ページ

■材料(作りやすい分量)

鶏肉(骨付きのぶつ切り)適量、飛鳥鍋地(鶏肉下煮用)適量、好みの具(かぶ、大根、里芋、粟麩、椎茸、春菊、ささがきごぼう、ほうれん草の白菜ロール(P.161)、葛切り、紅葉麩、紅葉人参)各適量、「鶏の水炊き　飛鳥鍋風」の鍋地※適量

白八方系

※「鶏の水炊き　飛鳥鍋風」の鍋地(作りやすい分量)
鶏スープ(P.21)800mℓ、牛乳200mℓ、水塩25mℓ、みりん5mℓ、胡椒少々

■作り方

1 鶏肉はきれいに洗って飛鳥鍋地に入れて30分くらい弱火にかけ、コトコト炊いておく。

2 具材の準備をする。かぶは葉元をつけたまま皮をむいて四つ割りにして茹でておく。大根は輪切りして皮をむき、里芋は六方むきにし、それぞれ米のとぎ汁でやわらかくなるまで茹でる。粟麩は素揚げして熱湯で油抜きする。椎茸はさっと茹でる。春菊は食べやすく切る。白菜のほうれん草巻きは食べやすい幅に切る。葛切りは戻しておく。紅葉麩も戻しておく。

3 1の鶏肉と2の具材を見栄えよく盛り込む、鍋地※を注いで火にかける。煮立ってきたらアクをとり、具が煮えたら煮汁と一緒に取り鉢にとって供する。

◉覚え書き

- 味つけは塩とこしょうのみ。好みで加減する。
- 本来は山羊の乳を用いるという。ここでは手に入りやすい牛乳で。

寄せ鍋

カラー126ページ

■材料(作りやすい分量)

好みの具材（ エビ、ハマグリ、カキ、サケ、タイ、ブリ、ホタテ、つみれ、豆腐、しめじ、えのきだけ、春菊、長ねぎ、ほうれん草の白菜ロール、紅葉麩、粟麩、葛切り)各適量、「寄せ鍋」の鍋地※適量

薄口八方系

※「寄せ鍋」の鍋地(作りやすい分量)
だし1ℓ、薄口醤油60mℓ、水塩17mℓ、砂糖20g

■作り方

1 具材は食べやすく下ごしらえをする。野菜や豆腐は食べやすいよう切り分けておく。ほうれん草の白菜ロールは、茹でた白菜を巻きすに広げて、ほうれん草を茹でて水気を絞って芯にして巻き、食べやすい幅に切り分ける。魚の切り身はさっと霜降りをし、ホタテは表面に包丁目を入れておく。葛切りは戻しておく。

2 鍋に具材を彩りよく盛り込み、鍋地※適量を張って具材に火にかける。火が通れば取り鉢に取り分けて、煮汁を適量張って供する。

煮物替わりの「あん仕立て」

揚げだしのみぞれあん仕立て

カラー128ページ

■材料（１人分）

木綿豆腐（水きりしたもの）50g、つくね芋すりおろし7g、タピオカ粉（または片栗粉）2g、人参5g、きくらげ5g、水塩、薄口醤油各少々、焼き海苔（10cm角）１枚、なめこ20g、「みぞれあん」※適量、三つ葉の軸・源氏柚子（柚子の輪切り）各少々

> 薄口八方系
> ※「みぞれあん」（作りやすい分量）
> A〔だし160mℓ、薄口醤油25mℓ、みりん40mℓ〕、
> 大根おろし（絞ったもの）50g

■作り方

1 人参ときくらげは、それぞれ細切りにして湯がき、薄口八方だし（P.35）でさっと炊く。
2 すり鉢に豆腐とつくね芋のすりおろしを入れてよくすり、タピオカ粉を加えてさらに混ぜたら、１のにんじんときくらげを加え混ぜ、水塩と薄口醤油少々で味を調える。
3 焼き海苔に２をまんべんなくぬり、中温の揚げ油に入れ、きつね色に揚げる。
4 ３を食べやすく切り分けて器に盛る。
5 なめこは熱湯をかけて霜降りにする。
6 みぞれあん※のAを火にかけ、煮立ってきたら大根おろしを加える。仕上げになめこを加えて４にかけ、茹でて刻んだ三つ葉の軸を散らし、源氏柚子を添える。

関西風おでん

カラー127ページ

■材料（作りやすい分量）

好みの具（ エビ、ハマグリ、カキ、サケ、タイ、ブリ、ホタテ、つみれ、豆腐、しめじ、えのきだけ、春菊、長ねぎ、ほうれん草の白菜ロール、紅葉麩、粟麩、葛切り各適量、「関西風おでん」の鍋地※適量

> 薄口八方系
> ※「関西風おでん」の鍋地（作りやすい分量）
> だし１ℓ、薄口醤油40mℓ、みりん15mℓ、水塩15mℓ

■作り方

1 おでんの具材を下ごしらえする。こんにゃくと糸こんにゃくはそれぞれ下茹でする。大根は米のとぎ汁で下茹でする。ちくわ、厚揚げ、ごぼう天、さつま揚げは熱湯で油抜きする。牛すじは茹でこぼし、再度水から入れて柔らかくなるまで茹でる。銀杏は湯がいて薄皮をむいて竹串に刺す。
2 鍋に鍋地※適量を張って具を彩りよく入れ、中弱火にかけてじっくりと味を含める。好みで溶き辛子を添える。

煮物替わりの「あん仕立て」

鮭と引き上げ湯葉の銀あん仕立て

カラー128ページ

■材料（１人分）
サケ（切り身）30g、酒、塩各少々、昆布（５㎝角）１枚、引き揚げ湯葉10g、「銀あん」※適量、三つ葉の軸・おろし生姜各少々

白八方系
※銀あん（作りやすい分量）
A〔だし100mℓ、酒50mℓ、水塩15mℓ、煮きりみりん少々〕、水溶きの葛粉約30mℓ

■作り方
1 サケの切り身は、酒と塩をふってしばらくおいて熱湯で霜降りにし、水気をふく。
2 1のサケを昆布の上に置き、引き揚げ湯葉をのせて、蒸気の上がった蒸し器で10分程度蒸す。
3 2を器に盛り、三つ葉の軸をのせる。
4 鍋に銀あん※のAを入れて火にかけ、煮立ってきたら水溶きの葛粉でとろみをつける。
5 3に4の銀あんをかけ、おろし生姜をたっぷりと添える。

鯛の蕪《かぶら》蒸し

カラー128ページ

■材料（１人分）
タイの切り身30g、かぶのすりおろし（絞ったもの）50g、昆布（５㎝角）１枚、卵白１個分、「金あん」※適量、刻み柚子・かぶの軸菜（塩茹でして薄口八方だしで煮含めたもの）各少々

薄口八方系
※金あん（作りやすい分量）
A〔だし130mℓ、薄口醤油・酒各20mℓ、みりん10mℓ〕
水溶きの葛粉適量

■作り方
1 タイは塩をふって霜降りにし、水気をふいて昆布の上にのせ、蒸気の上がった蒸し器で蒸す。
2 かぶは厚めに皮をむいてすりおろし、水分がポタポタを落ちない程度に絞る。
3 卵白をツノが立つまでしっかりと泡立ててメレンゲにし、2のかぶのすりおろしと合わせて混ぜる。塩で味を調えて1のタイが隠れるくらいたっぷりとのせ、蒸気の上がった蒸し器に入れてさっと蒸す。
4 器に3を昆布ごと盛り、金あんを作ってたっぷりとかける。かぶの軸菜を散らして刻み柚子を添える。

◉覚え書き
- かぶは、あれば近江かぶや、聖護院かぶを用いると、味わい深くなる。
- すりおろしたかぶの絞り加減がポイント。水分が多いと仕上がりがべちゃっとなり、少ないと固くなってしまう。ほどよく絞るのがコツ。

「煮物の技術教科書」用語集

あ行

青煮　あおに
ふきやいんげん、さやえんどう、はす芋(青ずいき)など、緑色の素材の色を生かして煮たもの。煮汁で煮過ぎないことはもちろん、材料は下茹でして色止めしてから、冷ました煮汁につけて味を含ませるなど、色がきれいに仕上がるようにする。

青み　あおみ
料理全体の彩りのバランスを考えて添える緑色の野菜のこと。煮物の料理では、いんげんや、きぬさやなどが多用される。あらかじめ色を出して茹で、薄口八方系のだしで下味をつけておく場合が多い。

アク抜き　あくぬき
野菜や山菜類などの持つ渋みやえぐみを除くこと。それぞれの素材に応じて塩をしたり、茹でたりしてアクを抜く。ただアクも味のうちなので、抜き過ぎないように注意する。

揚げ煮　あげに
材料を油で揚げてから煮る手法。魚や肉類をはじめ、茄子やかぼちゃ、芋類などの野菜や豆腐類にも向く。淡泊な味わいの野菜や豆腐類は揚げてから煮るとコクが加わる。

あしらい
器に盛った料理を見栄えよく整えるために添えるもの。青み、天盛りなどのことをいう。

油抜き　あぶらぬき
油揚げや、厚揚げなど、揚げてある材料を用いる場合、煮る前に下処理として熱湯をかけて余分な油を抜くこと。煮味ののりもよくなる。

甘煮　あまに
砂糖やみりんなどを使って甘味を主体にし、照りよく仕上げた煮物のこと。みりんは、おだやかな甘みを出すことができるが、素材を締める働きもあるため、砂糖を配合して甘みを調整することもある。

飴煮　あめに
飴炊き(あめだき)、甘露煮(かんろに)と呼ばれることもある。甘みの強い煮汁で、つやよく煮上げたもの。水飴が糸を引くようになるまで煮汁を煮詰めたもの。また実際に水飴を加えることもある。

あら炊き　あらだき
魚のアラや中骨、カマなどを濃厚な煮汁でこってり煮たもの。「あら煮」ともいう。

有馬煮　ありまに
実山椒の佃煮や塩漬けを使った料理につけられる名称で、兵庫県・有馬が山椒の産地であることから、この名がある。

炒め煮　いために
材料を油で炒めてから煮汁を加えて味つけをした料理法。材料を炒めてから煮ることで、材料のうま味を閉じ込める他、油を使うことでコクのある味に仕上がる。きんぴらや筑前煮などは、この手法で煮る。

田舎煮　いなかに
醤油を主にして、材料を酒、砂糖、みりんなどで煮汁がなくなるまで煮て、甘辛く煮上げた素朴な味わいの煮物のことで、野菜で作る場合が多い。

炒り煮　いりに
基本的には油を使用せず、材料を最初に炒るように加熱して水分を飛ばしながら煮ること。

色止め　いろどめ
材料を少量の塩や酢を加えた水につけることで色が変化するのを防ぐ。または茹でて色を出した後に、冷水でしめて色を止めるなど、仕上がりがよくなるよう下処理をすること。

色煮　いろに
素材の持つ色合いを大切にした煮物の総称。食材に含まれる天然の色素を引き出して色よく煮あげる。茄子や葉物野菜、きぬさやなど、野菜の煮物の例が多い。

印籠煮　いんろうに
武士が身につけていた小さな筒状の容器に見立てた煮物のこと。内臓を取り除いたイカの胴や、甘辛く煮た筒切りのアナゴ・ウナギなどの中に、野菜や米、豆腐などで、けんちんを作って詰めて煮る。また魚介や肉類を芯にして他の食材で印籠のように巻いて煮た料理も印籠煮と呼ぶことがある。

卯の花煮　うのはなに
卯の花とは、おからのことで、一般的には、おからと野菜を甘めの煮汁で炒り煮にしたものを卯の花煮という。また卯の花(おから)を用いた煮物のことをいうこと場合もある。

旨煮　うまに
魚介、肉類、野菜などの材料を、濃口八方系の煮汁で、関東風にしっかりと味つけをした煮物のこと日持ちするので、お節料理や正月の献立にもよく用いられる。また弁当にも適している。

梅煮　うめに
梅干しを煮汁に加えて一緒に煮た料理。梅干しの持つ爽やかな酸味やうま味を生かし、イワシやサンマといった青背の魚と一緒に煮るとさっぱりとした煮上がりになる。

落としぶた　おとしぶた
鍋の口径よりやや小さめのふた。木製のものが多い。煮物を煮る際、直接のせて用いる。重みがあるので材料が煮踊りせず煮崩れを防止する。また最小限の煮汁で煮物に味をまわすことが可能になるので効率もよい。

オランダ煮　おらんだに
材料を油で揚げたり、炒めたりしてから煮る料理、または、ねぎや唐辛子を用いた料理につけられる場合が多い。淡泊な味わいの食材と相性がよい調理法。

か行

隠し包丁　かくしぼうちょう
煮る材料に対して、火の通りや味の浸透をよくするために行う材料に切り込みを入れること。例えば大根の場合は、十字に切り込みを入れる。魚の場合は下身の皮部分に切り目を入れることがある。

紙ぶた　かみぶた
和紙や厚手のキッチンペーパーなどを落としぶたのよ

うにして用いる。軽いので繊細な素材を煮る時に向く。また料理の乾燥を防ぐ役割もある。

甘露煮　かんろに
主に川魚を素焼き、または素焼きにしてから、砂糖、水飴を加え、酒、醤油、みりんなどで煮上げた煮物。魚の他、栗をじっくりと蜜（シロップ）を含ませたものも甘露煮と呼ぶ。砂糖蜜のことを「甘露」という。

黄身煮　きみに
材料に薄く葛粉（または片栗粉）をまぶしてから卵黄の衣をつけて煮た料理のこと。煮上りの色が黄色いことから「黄金煮」とも呼ばれる。煮汁は色を生かすため、白八方系の煮汁で煮ることが多い。

伽羅煮　きゃらに
ふき、ごぼう、椎茸などの材料を醤油で濃い味の佃煮風に仕上げた料理。伽羅（きゃら）は濃い茶色のこと。煮上がりの色が伽羅のような色（香木の伽羅のような濃い茶色）になるところからこの名があるとされる。元々は田舎における保存食であり、醤油を中心とした濃い味つけでしっかりと煮詰めるため塩辛いのが特徴。

経木　きょうぎ
杉や檜を薄く削った板のこと。煮炊きの際、鍋底に敷いたり、落としぶたの代わりに煮汁にのせることもある。特に薄く削ったものは薄板と呼ばれる。

具足煮　ぐそくに
「具足」とは、武士が身につける甲冑（かっちゅう）や鎧兜（よろいかぶと）のことで、エビやカニナドノ殻を具足に見立てて、素材を殻付きのまま豪快に煮た料理。

さ行

沢煮　さわに
鶏肉などの肉類と根菜類の細切りを合わせてさっと煮た料理。「沢」とは「沢山の」という意味がある。豚の背脂を塩漬けにしたものを加えることも多い。元々は漁師が日持ちする背脂を持っていき、その場にある野菜と一緒に汁にしたのが始まりであるという説がある。

時雨煮　しぐれに
魚介類や肉類を佃煮のように、醤油を基本とした甘辛い濃いめの煮汁で煮たもの。生姜を一緒に煮ることが多く、生姜煮と呼ばれることもある。材料としては貝類やマグロ、牛肉などをよく用いる。

芝煮　しばに
エビをはじめとした魚介類をだしと酒を中心に、薄口醤油、みりんや砂糖で薄味に味つけし、素材の味わいを生かしてさっと煮たもの。もともと、江戸前の芝浦の漁師が、獲れたての魚介をさっと煮て出したことが始まりだとされている。エビや白身魚など淡泊な素材を使うことが多い。

治部煮　じぶに
鶏肉や鴨肉にそば粉や小麦粉などをまぶして、生麩や野菜とともに濃いめの煮汁で煮る料理のことで、石川県金沢の郷土料理としても知られる。名前の由来は「じぶじぶと煮える」という説や、この料理を考案した人の名前に由来するなど諸説ある。

霜降り　しもふり
魚介類や肉類の臭みを取り除くため、材料に熱湯をかけたり、さっと茹でた後、冷水にとって水気をふく。汚れやヌメリなどを取り、材料の表面を固めてうま身を閉じ込めることができる。

白煮　しらに
白い材料の色を生かして煮た料理のことで「しろに」または「はくに」という場合もある。蓮根やうど、百合根、イカ、白魚など、白い材料を色をつけないように煮るため、塩、薄口醤油で味を調えることが多い。野菜類は酢水にさらしたり、米のとぎ汁で下煮するなど、白さを引き出すように下ごしらえをすることが大切。

水晶煮　すいしょうに
冬瓜やうど、白瓜、かぶなど、白色の淡泊な味わいを持つ材料を使って、白色を生かしながら、透明感が出るように煮上げた料理。

酢煮　すに
たっぷりの煮汁に酢を加えて煮たもの。「酢炊き」と呼ぶこともある。アジやサバ、サンマなど青背の魚を酢煮にすると、生臭さが消え、さっぱりと煮上がる。

た行

炊き合わせ　たきあわせ
火の通りの異なる材料を別々に炊いたものを、ひとつの料理として、器に盛り合わせたもの。「焚き合わせ」と表わすこともある。薄味に煮含めることで、それぞれの食材の持ち味を存分に生かすことができる。

筑前煮　ちくぜんに
福岡県の筑前地方の郷土料理が発祥であるとされ、鶏肉と野菜で作る炒め煮のこと。「炒り鶏」「筑前炊き」とも呼ばれる。現地では「がめ煮」と呼ばれ、昔は鶏のかわりに博多付近に生息するスッポンと野菜を一緒に煮たことが始まりとされ、この地方ではスッポンを「がめ」ということから「がめ煮」の名があるといわれている。

佃煮　つくだに
長期保存を目的とした煮物の総称で、野菜や魚介類を醤油、みりん、砂糖、酒等で甘辛く煮しめたもの。佃煮という名の由来は、徳川家康が江戸時代に摂津（関西）から漁師を佃島（東京）に移住させた際、その漁師たちが雑魚を煮て保存食としたのが始まりとされている。その後、江戸時代の終わり頃には貝類や小魚などを甘辛く煮たものが売られるようになり、全国的に知られるようになった。

天盛り　てんもり
器に盛りつけた煮物の料理の仕上げとして、料理の上に香りのものを盛り付けること。木の芽や針生姜、柚子など季節ものを用いるとよい。

当座煮　とうざに
野菜や貝類などを醤油、酒などでしっかりと煮上げた料理のことで、「当座」、つまり「当分の間、しばらくの間」保存がきくところから、この名がある。手早く作ることができるのも利点。

土佐煮　とさに
煮汁にカツオ節を加えてうま味を加えた煮物や、仕上げに「粉ガツオ」をまぶした料理につける名称。土佐（高知県）がカツオ節の産地であることから、主にカツオ節を使った料理に「土佐」という名が使われることが多い。

な行

鍋返し　なべがえし
鍋で煮たり炒めたりするとき、勢いをつけて鍋を前後に揺すり、鍋の向こう側から手前に材料が返るようにして、鍋の中の材料を混ぜ合わせること。焦げつきを防ぐとともに煮汁や調味料を全体にいきわたらせることができる。

難波煮　なんばに
主となる材料をたっぷりの「ねぎ」と一緒に煮た料理のこと。ねぎを入れることで、魚介や肉類の臭みをやわらげ、風味やうま味を加えることができる。「難波」の名は、ねぎを使った料理の名称で、大阪の難波地方が、ねぎの産地であったことが由来とされる。

南蛮煮　なんばんに

主となる材料をねぎと一緒に煮て、唐辛子を使って辛味をつけた煮物のこと。また材料を油で炒めたり、揚げてから煮た料理を南蛮にと呼ぶことがある。南蛮とは、江戸時代に「南蛮」と呼ばれていたオランダ、スペイン、ポルトガルなどから伝わった調理法を取り入れた料理につける総称で、ねぎ、唐辛子、油などを使うのが特徴。

煮こごり　にこごり

ゼラチン質を多く含む魚介や鶏などを煮汁で煮て、煮詰めて冷やし固めたもの。ゼラチンや寒天を補って固めることもある。

煮しめ　にしめ

野菜や乾物類の形を崩さないよう時間をかけて煮る手法。濃いめの煮汁で煮ては冷ます工程を繰り返し、材料にしっかり煮汁をしみ込ませる。保存性が高く、正月のお節料理や弁当にも適している。

煮つけ　につけ

少なめの煮汁で魚介類や根菜類などの野菜を煮る手法。魚介を煮つけにする場合、先に煮汁を合わせて煮立たせたところに魚を入れ、煮汁に素材のうま味を引き出し、それをさらに煮てもう一度素材に含ませる。

煮浸し　にびたし

たっぷりの薄味の煮汁で材料を煮含めた料理のこと。主な材料としてはアユやアマゴなどの川魚が知られる。一度素焼き(白焼き)にしてから煮るのが特徴で、骨が柔らかくなるまでじっくり火にかけ、好みの味になるまで煮る。一方、野菜を煮浸しにする際は、下茹でをするなどし、材料に火を通してから薄味の煮汁で短時間煮るか、冷やした煮汁に浸す場合が多い。

抜き板　ぬきいた

脚の付いた幅広の板で、板の両端またはコの字形に脚が付いているものや脚が逆向きに付いたZ型のものなどがある。仕込み中の食材や料理を置いたり、材料の水切りや、抜き板の上に魚を置いて熱湯をかけて皮霜にする際にも用いる。

は行

翡翠煮　ひすいに

茄子や冬瓜の皮をできるだけ薄くむき、透明感のある緑色を生かして煮る手法。煮上がった様子が宝石の「翡翠」に似ていることから、この名がある。

含め煮　ふくめに

多めの薄味の煮汁で材料に味をしみ込ませるように時間をかけて味を含ませる手法。芋類やかぼちゃをはじめとした野菜全般、高野豆腐、タイやタラ真子などに用いる調理法で、炊き合わせの材料にもなる。

普茶煮　ふちゃに

江戸時代に中国から日本へ伝来した中国風の精進料理「普茶料理」は、植物油や葛をよく使った濃いめの味つけが特徴。この手法で煮たものが普茶煮で、素材を多めの油で炒め揚げにしてから煮汁を含ませ、照りよく煮上げる。

ふろふき

材料を柔らかく茹でる、または煮たものに、練り味噌(玉味噌、鉄火味噌や柚子味噌など)を添えて供する。大根がおいしくなる冬を代表する煮物料理。「ふろふき」は「風呂吹き」とも表され、昔の風呂屋の風呂吹き(客の垢を落とす仕事を担当)が、垢を落とす時に息を吹きかける様子が、熱々の大根を食べる様子に似ていたとか、漆器職人が大根の茹で汁を風呂(漆器の保管室)で使うためにできた副産物である大根を食べたら、おいしかったなど、諸説ある。

ま行

味噌煮　みそに

主に青背の魚(サバ、アジ、サンマなど)、肉類などを味噌を多めに配合した煮汁で煮上げたもの。味噌には臭みをとる働きがあるので、こうしたクセの強い素材に向く。また生姜を一緒に加えることも多い。

蜜煮　みつに

栗やさつま芋、きんかん、黒豆などの乾燥豆類などを砂糖の蜜(シロップ)でじっくり煮たり、蜜に漬け込んで味を含ませたもの。甘露煮と呼ばれることもある。

蒸し煮　むしに

蒸すというのは、素材に火を直接あてず、水蒸気で間接的に火を通す調理法。蒸し煮は、この調理法の一種で、煮汁や酒に材料を浸した状態で蒸し、時間をかけてゆっくり火を通す。アワビやタコ、豚の角煮など、柔らかくするのに時間がかかる素材の調理に向いている。

や行

矢床鍋　やっとこなべ

柄のないアルミ製の打ち出し丸鍋のこと。鍋の縁をハサミ状の鍋をつかむ道具の矢床(やっとこ)で挟んで持って移動する。柄がないので重ね置きが可能。様々なサイズがあり、用途によって使い分ける。

山吹煮　やまぶきに

春から初夏にかけて咲く、深みある黄金色の山吹の花の色に例えて、卵黄を用いた黄金色の煮物料理のことをいう。

柔らか煮　やわらかに

イカ、タコ、アワビなど、加熱すると固くなってしまう食材を時間をかけて柔らかく煮上げる料理。

吉野煮　よしのに

くず粉や片栗粉を材料にまぶした煮物や、煮汁にとろみをつけた料理の名称奈良県の吉野地方がくず粉の産地で有名ということから、この名がつけられています。

ら行

利久煮　りきゅうに

主にごまを使った煮物につける名称。「利休」とは、安土桃山時代の茶人「千利休(せんのりきゅう)」のことで、利休が料理に好んでごまをよ使ったとされることが由来とされる。

瑠璃煮　るりに

瑠璃色は、濃い紫みがかった鮮紺色のこと。瑠璃煮というと、主に茄子の皮の色を生かしたものをさすことが多い。茄子は、ミョウバン水につけてから下煮をして煮汁で煮ると、茄子の皮の色がきれいに出る。

わ行

若竹煮　わかたけに

若竹とは、春先に出回る新筍のことで、これに同じく春に旬を迎える新若芽(わかめ)を取り合わせて煮た煮物のこと。この筍とワカメの組み合わせは、とても味の相性がよく、一緒に用いることで互いの持ち味を引き立てあうことから「出会いもの」と呼ばれる。仕上げに木の芽を天盛りにする場合が多い。

■著者紹介

鈴木隆利（すずき・たかとし）

千葉・柏『日本料理　千仙』支配人兼総料理長。平成15年に「卓越技能者　現代の名工」受賞。四条流庖丁式庖丁士。元・全国日本調理技能士会連合名匠師範。料理研究士扇会代表や調理師専門学校でも講師を務めるなど、後進の指導にもあたっている。著書に『刺身の教科書』『ふぐの調理技術 すっぽんの調理技術』『和食の評判味づくり』『日本料理の「だし」「たれ」「合わせ調味料」教科書』（以上、小社刊）がある。

■調理協力

馬場大和　小川和彦　勝田裕之　江澤嵩大　高橋紫龍　土屋侑平

『日本料理　千仙』

住所／千葉県柏市旭町 1-1-12　電話／04-7146-7000

http://www.chisen.be/

プロの日本料理

煮物の技術教科書

―基本から匠の調理まで身につける―

発行日　平成31年4月1日　初版発行

著　者　鈴木隆利《すずきたかとし》

発行者　早嶋　茂
制作者　永瀬正人
発行所　株式会社 旭屋出版
〒160-0005
東京都新宿区愛住町23-2　ベルックス新宿ビルⅡ6階
郵便振替　00150-1-19572
ＴＥＬ　03-5369-6423（販売）
03-5369-6424（編集）
ＦＡＸ　03-5369-6431（販売）
03-5369-6430（編集）
旭屋出版ホームページ　URL　http://www.asahiya-jp.com

印刷・製本　株式会社シナノパブリッシングプレス

ISBN987-4-7511-1378-3 C2077

■撮　　影／吉田和行
■デザイン／佐藤暢美（ツー・ファイブ）
■編　　集／岡本ひとみ